平成29年版

小学校
新学習指導要領の展開

北　俊夫・加藤寿朗 編著

社会編

明治図書

小学校各教科等の授業時数

区　　　　分		第1学年	第2学年	第3学年	第4学年	第5学年	第6学年
各 教 科 の 授 業 時 数	国　　語	306	315	245	245	175	175
	社　　会			70	90	100	105
	算　　数	136	175	175	175	175	175
	理　　科			90	105	105	105
	生　　活	102	105				
	音　　楽	68	70	60	60	50	50
	図画工作	68	70	60	60	50	50
	家　　庭					60	55
	体　　育	102	105	105	105	90	90
	外 国 語					70	70
特別の教科である道徳の　授　業　時　数		34	35	35	35	35	35
外国語活動の授業時数				35	35		
総合的な学習の時間の　授　業　時　数				70	70	70	70
特別活動の授業時数		34	35	35	35	35	35
総　授　業　時　数		850	910	980	1015	1015	1015

注1　この表の授業時数の1単位時間は，45分とする。

　　2　特別活動の授業時数は，小学校学習指導要領で定める学級活動（学校給食に係るものを除く。）に充てるものとする。

まえがき

平成29年3月に，小学校においては平成32年度から完全実施される学習指導要領が告示された。そのポイントは大きく次の三つに集約される。

第1は，社会科においても，教科目標をはじめ，各学年の目標や内容の示され方が大きく変わったことである。具体的には，知識・技能，思考力・判断力・表現力等，学びに向かう力・人間性等という，子供たちに身に付けることが求められる資質・能力の構成要素を踏まえて示されている。ここには目標や内容にとどまらず，指導方法についても各内容に即して具体的に示されている。今後，各学校では学習指導要領の読み取り方とそれに基づく授業づくりが課題になる。

第2は，社会科は社会を対象に学ぶ教科であることから，社会の変化に対応して指導内容や教材などが改められたことである。例えば，情報化，グローバル化，少子高齢化などの問題に関わる新しい内容や教材，取扱い方が示された。また，伝統や文化に関する教育，自然災害から身を守る防災教育，政治に対する関心を高める教育，領土に関する教育などを充実する観点から内容の充実が図られた。さらに，空間軸，時間軸，社会システム軸から社会を多角的に見たり考えたりできるようにするため，調べる際に着目する社会的事象が追加された。年間授業時数が変わらない中で，新たな内容や教材をどのように扱うか。趣旨を踏まえた年間指導計画の作成が課題になる。

第3は，学習指導要領の総則に示された教科等共通の課題を受けた授業づくりが求められることである。総則に示された具体的な課題には，各教科の資質・能力を身に付けることを中心に，社会に開かれた教育課程を編成・実施すること，見方・考え方を働かせた授業づくりを進めること，主体的・対話的で深い学びを実現すること，カリキュラム・マネジメントを推進することなどがある。これからの社会科の授業づくりに当たっては，これらの課題に対して社会科の立場から具現化を図っていくことが求められる。

このように見てくると，今回の学習指導要領は，総則の内容を中心に抜本的な見直しが図られたことが分かる。新学習指導要領を受けて，これまでの社会科授業のどこをどのように変えていくのか，またこれまでの考え方や指導方法のどこを継承・発展させるのかを十分検討する必要がある。

　これらの作業は，今や待ったなしの状況にある。移行措置の期間である平成30年度から「全部又は一部について新小学校学習指導要領によることができる」と，文部科学省からの通知に示されているからである。

　本書『小学校新学習指導要領の展開　社会編』はこうした問題意識のもとに取りまとめたものである。

　本書は次のように構成されている。まず，序章で改訂のポイントを整理した上で，学習指導要領の内容構成に基づいて，1章から3章では，社会科の教科目標，各学年の目標及び内容や取扱い，そして，指導計画の作成と内容の取扱いに沿って，改訂のポイントを解説した。ここから社会科の授業づくりに当たっての基本事項を学ぶことができる。これらを受けて，第4章では，各学年ごとに特徴的な単元を選択して取り上げ，具体的な単元の指導計画を示した。今後の授業づくりの参考にしていただきたい。

　本書が各学校や地域で有効に活用され，我が国の社会科授業が一層充実し活性化することを願っている。

　終わりに，大変ご多用の中を本書の執筆に快くご協力いただいた各執筆者に対して，この場を借りて心から感謝の意を表したい。あわせて，本書の編集の労をとってくださった明治図書出版の関係者にお礼を申し上げる。

平成29年11月

編著者　　北　　俊夫

加藤　寿朗

まえがき

序章 社会科改訂のキーポイント

1 小学校学習指導要領「社会」の改訂の経緯……………………8
2 小学校学習指導要領「社会」の改訂のポイント………………10
3 小学校学習指導要領「社会」の読み方のポイント……………14

1章 「第1 目標」のポイントと解説

1 教科目標はどこがどう変わったか………………………………18
2 教科目標をどう読むか……………………………………………19
3 目標に関わる授業づくりの課題…………………………………23

2章 「第2 各学年の目標及び内容」のポイントと解説

第3学年

目標……………………………………………………………………24
1 身近な地域や市区町村の様子……………………………………26
2 地域に見られる生産や販売の仕事………………………………30
3 地域の安全を守る働き……………………………………………34
4 市の様子の移り変わり……………………………………………38

第4学年

目標··········42

1 都道府県の様子··········44

2 人々の健康や生活環境を支える事業··········48

3 自然災害から人々を守る活動··········52

4 県内の伝統や文化，先人の働き··········56

5 県内の特色ある地域の様子··········60

第5学年

目標··········64

1 我が国の国土の様子と国民生活··········66

2 我が国の農業や水産業における食料生産··········70

3 我が国の工業生産··········74

4 我が国の産業と情報との関わり··········78

5 我が国の国土の自然環境と国民生活との関連··········82

第6学年

目標··········86

1 我が国の政治の働き··········88

2 我が国の歴史··········92

　　特別寄稿　鎖国をめぐる動向について··········118

3 グローバル化する世界と日本の役割··········122

3章 「第3 指導計画の作成と内容の取扱い」のポイントと解説

1 指導計画の作成に当たっての配慮事項··········126

2 内容の取扱いについての配慮事項··········133

4章 社会科の新授業プラン

1　第3学年の新授業プラン

1―目標………………………………………………………………………140

2―内容と単元配列例………………………………………………………140

3―単元の指導計画例❶（学校の周りや○○市の様子）……………………141

4―単元の指導計画例❷（○○区の移り変わり）………………………………145

2　第4学年の新授業プラン

1―目標………………………………………………………………………149

2―内容と単元配列例………………………………………………………149

3―単元の指導計画例❶（自然災害から人々のくらしを守る）…………150

4―単元の指導計画例❷（国際交流に取り組んでいる地域）……………154

3　第5学年の新授業プラン

1―目標………………………………………………………………………158

2―内容と単元配列例………………………………………………………158

3―単元の指導計画例❶（世界における我が国の位置）……………………159

4―単元の指導計画例❷（情報を生かして発展する産業）………………163

4　第6学年の新授業プラン

1―目標………………………………………………………………………167

2―内容と単元配列例………………………………………………………167

3―単元の指導計画例❶（日本国憲法と私たちの生活）……………………168

4―単元の指導計画例❷（国際連合の働きと我が国の国際協力）……172

付録　小学校学習指導要領　第2章　社会

執筆者紹介

序章 社会科改訂のキーポイント

1 小学校学習指導要領「社会」の改訂の経緯

　平成32年度から全面実施となる小学校学習指導要領（以後「新学習指導要領」という）が，平成29年3月31日に告示された。平成29年度は，新学習指導要領の趣旨を周知する時期，いわゆる「周知」年度であり，平成30年度，31年度は，全面実施を円滑に行うための調整の時期，いわゆる「移行期」年度である。

　新学習指導要領に向けた検討，いわゆる改訂作業は，平成26年11月に文部科学大臣から中央教育審議会に「初等中等教育における教育課程の基準等の在り方について」が諮問されたことからスタートした。

　今回の改訂作業の進め方の特徴は，これまでの学習指導要領の構造を抜本的に見直し，子供たちに育成を目指す「資質・能力」を明確にすることから始めたことである。教科等や校種の「セクト」での検討から始めていないのである。平成27年8月に，全体の骨格をつくるために「教育課程企画特別部会」という組織を設け，各教科等の横並びの基準を描いていった。各教科の目標が，「知識・技能」「思考力・判断力・表現力等」「学びに向かう力，人間性等」の三つの柱で整理された動きはここから始まったのである。これを仮に「横串」と呼ぶ。

　またその後，平成27年9月以降に立ち上がった「教科等ワーキング・グループ」では，小・中・高等学校のつながりや発展が議論された。特に各教科等で18歳の生徒に求める資質・能力を明確にした上で，中学生に求める資質・能力を，小学生に求める資質・能力をと，すなわち高→中→小と，これまでとは逆の向きで検討していったことも大きな特徴である。これを仮に「縦串」と呼ぶ。

こうした横串と縦串が形づくられた後に，平成28年の６月頃から校種・教科ごとの改訂作業が始まったのである。このようにして，学習指導要領告示の歴史の中で60年ぶりといってよいほどの大改訂となったわけである。

　この間，社会科では，様々な課題解決が必要であった。その一つは，教科目標の文言の規定である。社会科ではこれまで，教科としての究極的な目標を「公民的資質の基礎」としてきた。そこに横串を通す観点から「資質・能力」の文言で統一する必要が生じた。また，小・中学校の社会科とつながる高等学校の公民科（平成21年版）では，「公民としての資質」と規定し，地理歴史科（同）では，「日本国民としての自覚と資質」と規定していた。これらについて，縦串を通す観点から，高等学校の地理歴史科，公民科は「公民としての資質・能力」，小・中学校の社会科は「公民としての資質・能力の基礎」と整理するに至った。

　また，思考力，判断力についても，縦串を通すことが必要になった。中学校社会科では，幾度もの改訂を経て，３分野とも（若干の表現の違いはあるが）「多面的・多角的に考察し公正に判断する能力」と思考や判断の「質」を規定していた（平成20年版）。小学校社会科では，「社会的事象の相互の関連，特色，意味を考える力」（同）と思考の対象が示されるにとどまっていた。ここから，多面的とは，多角的とは，公正な判断とは，といった文言の概念規定の検討が始まった。また，高等学校の新科目「公共」の設置に向けた検討では，18歳選挙権を視野に「選択・判断する力」や未来を「構想する力」が必要とされた。これらを踏まえ，思考力，判断力，表現力の質的な接続や発展を描くに至ったのである。さらに「社会的な見方・考え方」の整理には，一番時間を要したといっても過言ではない。

　いずれにしても，他教科等と同様に，社会科においてもこれまでの学習指導要領の趣旨を十分に踏まえるとともに，横串，縦串を通すことで，資質・能力を「チーム社会科」として描き直し，社会科の学習を通した子供の成長を見届けることができるようになったのである。その意味から，社会科の再出発といってもよいのではないだろうか。

序章　社会科改訂のキーポイント　●　9

2 小学校学習指導要領「社会」の改訂のポイント

　小学校社会科では次の６点をポイントとして改訂が行われた。

○育成を目指す資質・能力を「知識，技能」「思考力，判断力，表現力等」「学びに向かう力，人間性等」の三つの柱に沿って明確化し，社会的な見方・考え方を，資質・能力全体に関わるものとして位置付け，教科の目標の改善を図った。

○各学年の目標も三つの柱に沿った資質・能力として明確化した。その際，第３学年と第４学年の目標と内容についても，系統的，段階的に整理して示した。また，「教科用図書地図」（いわゆる地図帳）の使用を第３学年から目標に示した。

○小学校社会科における見方・考え方を「社会的事象の見方・考え方」として各学年の目標に位置付け，社会的事象の特色や意味などを考えたり，社会に見られる課題を把握して，その解決に向けて社会への関わり方を選択・判断したりする際の「視点や方法」であり，「位置や空間的な広がり，時期や時間の経過，事象や人々の相互関係に着目して社会的事象を捉え，比較・分類したり総合したり，地域の人々や国民の生活と関連付けたりすること」と整理した。

○内容について，中学校への接続・発展を視野に入れて，①地理的環境と人々の生活，②歴史と人々の生活，③現代社会の仕組みや働きと人々の生活，に区分して整理した。

○現代的な諸課題を踏まえる観点から，我が国や地方公共団体の政治の仕組みや働き，世界の国々との関わりに関心を高めるとともに，社会に見られる課題を把握して社会の発展を考える学習の充実を図った。また，持続可

能な社会づくりの観点から，人口減少や地域の活性化，国土や防災安全に関する内容の充実を図るとともに，情報化による生活や産業の変化，産業における技術の向上などに関する内容についても充実を図った。

○社会との関わりを意識して，学習問題を追究・解決する学習の充実を図り，「主体的・対話的で深い学び」が実現するよう指導方法の不断の見直し，改善を図ることを「指導計画の作成と内容の取扱い」に示した。

1－ 目標の改善

これらを踏まえ，小学校社会科の目標を次のように規定し直した。

・「社会的な見方・考え方を働かせ，課題を追究したり解決したりする活動を通して」と深い学びにつながる社会科の学びを目標の柱書に規定した。

・これまで「公民的資質の基礎」と説明してきた社会科の究極的なねらいを高等学校公民科へのつながりを見据えて「公民としての資質・能力の基礎」と改めた。さらに国際社会に「グローバル化する」という文言を加えた。

・小学校社会科において身に付ける知識を「地域や我が国の国土の地理的環境，現代社会の仕組みや働き，地域や我が国の歴史や伝統と文化を通して社会生活について理解する」ための知識として整理した。また，身に付ける技能を「様々な資料や調査活動を通して情報を適切に調べまとめる技能」とした。

・小学校社会科において養う思考力，判断力を「社会的事象の特色や相互の関連，意味を多角的に考えたり，社会に見られる課題を把握して，その解決に向けて社会への関わり方を選択・判断したりする力」と規定した。また，表現力を「考えたことや選択・判断したことを適切に表現する力」と規定した。表現力については，第5学年と第6学年の目標において，説明する力や議論する力を位置付けた。

・小学校社会科において養う学びに向かう力を「社会的事象について，よりよい社会を考え主体的に問題解決しようとする態度」とし，各学年の目標

序章　社会科改訂のキーポイント ● 11

において「主体的に学習の問題を解決しようとする態度」（学習中の態度）と，「よりよい社会を考え学習したことを社会生活に生かそうとする態度」（学習後の態度）に分けて示した。涵養される人間性については，これまでの「地域社会に対する誇りと愛情，地域社会の一員としての自覚，我が国の国土と歴史に対する愛情，世界の国々の人々と共に生きていくことの大切さについての自覚」に，主権者教育などを背景として「我が国の将来を担う国民としての自覚」を加えた。

2- 内容の改善

以下が各学年の主な改善点である。

【第3学年】

・地域の歴史的な内容の充実を図るため，これまでの「昔の道具や暮らし」に関する内容を「市の様子の移り変わり」に関する内容へと改め，交通や公共施設，土地利用，人口，生活の道具を調べるように示した。

【第4学年】

・世界の国々との関わりに関心を高めるよう，これまでの「県内の特色ある地域」の事例に「国際交流に取り組んでいる地域」を加えた。

・防災安全に関する内容の充実を図るため，これまでの「災害及び事故の防止」の事例として示されていた「風水害，地震など」を独立させて，「自然災害から人々を守る活動」として示した。

【第5学年】

・我が国の国土の様子については，「竹島や北方領土，尖閣諸島が我が国の固有の領土であることに触れること」を示した。（＊この内容については，平成30年度の移行期から，先行的に実施することになっている。）

・情報化による生活や産業の変化に関する内容の充実を図るため，これまで「情報化した社会の様子と国民生活とのかかわり」として示されていた内容を「情報を生かして発展する産業」に改め，「販売，運輸，観光，医療，福祉などに関わる産業」を事例として選択するよう示した。

【第6学年】

・政治の働きへの関心を高めるよう，「我が国の政治の働き」に関する内容を(1)へと順序を改めるとともに，地域再生の観点から，これまで事例として示されていた「地域の開発」を「地域の開発や活性化」と改めた。

・我が国の歴史学習においては，政治の中心地や世の中の様子に着目して時期を捉えるよう「日本風の文化が生まれたこと」「戦国の世が統一されたこと」を独立して示すよう改めた。

　これらの改善を加えた上で，各学年の内容を，次のように①地理的環境と人々の生活，②歴史と人々の生活，③現代社会の仕組みや働きと人々の生活に区分して整理した。（丸数字は主として区分される番号を示している。）

【第3学年の内容】
(1) 身近な地域や市区町村の様子……………………　①
(2) 地域に見られる生産や販売の仕事……………　③
(3) 地域の安全を守る働き………………………………　③
(4) 市の様子の移り変わり………………………………　②

【第4学年の内容】
(1) 都道府県の様子………………………………………　①
(2) 人々の健康や生活環境を支える事業……………　③
(3) 自然災害から人々を守る活動……………………　③
(4) 県内の伝統や文化，先人の働き…………………　②
(5) 県内の特色ある地域の様子………………………　①

【第5学年の内容】
(1) 我が国の国土の様子と国民生活…………………　①
(2) 我が国の農業や水産業における食料生産………　③
(3) 我が国の工業生産……………………………………　③
(4) 我が国の産業と情報との関わり…………………　③
(5) 我が国の国土の自然環境と国民生活の関わり…　①及び③

【第6学年の内容】
(1) 我が国の政治の働き…………………………………　③
(2) 我が国の歴史上の主な事象………………………　②
(3) グローバル化する世界と日本の役割……………　③

序章　社会科改訂のキーポイント ● 13

3 小学校学習指導要領「社会」の読み方のポイント

1 − 内容の読み方

　学年ごとの内容についても，資質・能力の育成を重視して，次のような構成になっている。

（1）Aについて，学習の問題を追究・解決する活動を通して，次の事項を身に付けることができるよう指導する。
　ア　次のような知識及び技能を身に付けること。
　　(ｱ)　Bを理解すること。
　　(ｲ)　Cなどで調べて，Dなどにまとめること。
　イ　次のような思考力，判断力，表現力等を身に付けること。
　　(ｱ)　Eなどに着目して，Fを捉え，Gを考え，表現すること。

　例えば，第3学年の内容(1)を例にすると，内容(1)全体では，「身近な地域や市の様子」（A）について，学習の問題（いわゆる学習問題）を見いだし，それを追究・解決する学習活動を通して，子供が身に付けていく事項が示されている。

　アの次のような知識を身に付けることとは，「身近な地域や自分たちの市の大まかな様子」（B）を理解し，それを知識として身に付けるように指導することである。「（次のような）技能」を身に付けることとは，「観察・調査，地図などの資料」（C）などで調べて，「白地図や年表」（D）などにまとめることを通して，社会的事象について調べまとめる技能を身に付けるように指

導することである。

イの次のような思考力，判断力，表現力等を身に付けることとは，「位置や分布，広がり」（E）などに着目して，「身近な地域や市の様子」（F）を捉え，「場所による違い」（G）を考え，表現することを通して，思考力，判断力，表現力等を養うよう指導することである。

すなわち，「（Eなど）に着目して調べ，社会的事象の様子や仕組み，現状など（F）を捉え」，「比較・分類したり総合したり，関連付けたりして（この部分は学習指導要領の本文ではなく「解説」に記述している）」と，「社会的事象の見方・考え方」を働かせるプロセスを内容に位置付け，そのことを通して，社会的事象の特色や相互の関連，意味（G）を考え，表現することが示されている。したがって，指導に当たっては，アの(ｱ)及び(ｲ)とイの(ｱ)を関連付けることが必要である。そのことにより，思考・判断・表現のプロセスと理解のゴールが明確になり，単元等の目標をイメージしやすくなるとともに，学習過程への意識が高まり授業改善につながることが期待されている。なお，「解説」には，「〜などの問いを設けて」と，子供が着目して調べたり，考えたりする際の問いが例示されている。

2－「内容の取扱い」の読み方

各学年の内容ごとに「内容の取扱い」が示されている。ここには，内容を取り上げる際の様々な配慮・留意事項が書かれているが，新たに加えられた次の3点に注目することが大切である。

①「カリキュラム・マネジメント」のガイド

内容の取扱いの解説には，取り上げる事例の選択の仕方とともに，取り上げ方についての配慮事項が書かれている。例えば，第4学年の内容(4)において「県内の文化財や年中行事」を取り上げる場合，内容(5)において伝統的な文化を保護・活用してまちづくりなどを行っている地域の様子を学ぶ「県内の特色ある地域の様子」の学習との違いに配慮することが書かれている。

序章　社会科改訂のキーポイント ● 15

また，事例を取り上げる授業時間数の配分についても触れられている。例えば，第3学年の内容の(1)において，身近な地域を見学・調査する際に，目的や着目する視点を明確にして効果的に行い，市全体を調べる際にその視点を生かすなどして工夫すること，第3学年の内容の(3)においても，例えば，「緊急時に対処する体制をとっていること」については消防署を中心とした学習に，「防止に努めていること」については警察署を中心とした学習に，それぞれ重点を置くなどして工夫することなどが書かれている。

　このように，取り上げる事例に軽重を付けることによる効果的な指導計画のマネジメントをガイドしている。

② 「選択・判断」や「多角的な思考」の示唆

　「(社会への関わり方を) 選択・判断すること」や「(〜の発展などについて) 多角的に考えること」は，次のように，各学年の内容の取扱いに位置付けられている。(一部抜粋)

○第3学年
内容(3) 「地域や自分自身の安全を守るために自分たちにできることなどを考えたり選択・判断したりできるよう配慮すること」

○第4学年
内容(2) 「節水や節電など自分たちにできることを考えたり選択・判断したりできるよう配慮すること」

○第5学年
内容(2) 「消費者や生産者の立場などから多角的に考えて，これからの農業などの発展について，自分の考えをまとめることができるよう配慮すること」

○第6学年
内容(1) 「国民としての政治への関わり方について多角的に考えて，自分の考えをまとめることができるよう配慮すること」

　これらを見て分かるように，その多くは，「現代社会の仕組みや働きと人々の生活」に区分される内容となっている。「選択・判断」と「多角的な思考」は社会参画に向かう思考・判断であるが，社会参画は「現在から未来

へ」という方向を描くことが多いからである。

③ 「地図帳」を扱う場面の明示

　第3学年から地図帳を配付するに当たって，地図帳の活用場面が次のように第3学年の内容の取扱いに示されている。

○内容の取扱い（1）
　「白地図などにまとめる」際に，教科用図書「地図」（以下第2章第2節において「地図帳」という。）を参照し，方位や主な地図記号について扱うこと。

○内容の取扱い（2）
　商店を取り上げ，「他地域や外国との関わり」を扱う際には，地図帳などを使用して都道府県や国の名称と位置などを調べるようにすること。

　また，地球儀の活用については，第5学年及び第6学年の目標(1)に「地図帳や地球儀，統計（や年表）などの各種の基礎的資料を通して，情報を適切に調べまとめる技能を身に付けるようにする」と示されている。

　解説には，「地球儀の特徴や使い方を知り，地球儀で調べる活動を指導計画に適切に位置付けること」「地球儀の特徴は，平面地図に比べて，大陸や海洋，主な国の面積や相互の位置関係をより正確に捉えることができること」「地球儀で調べる活動としては，世界の大陸や主な海洋，主な国の位置などを確かめる，それらと我が国との位置関係について方位などを使って調べる，主な国の位置を緯度や経度を用いて言い表したり，面積の大小や日本からの距離の違いを大まかに比べたりして，これらの方法を身に付け，児童が自ら活用できるようにすること」などが記述されている。

　地図帳や地球儀の活用については，「情報を適切に調べまとめる技能」に関わる大切な事項として読み取ることが大切である。

序章　社会科改訂のキーポイント　● 17

1章 「第1 目標」のポイントと解説

1 教科目標はどこがどう変わったか

　教科目標は，いずれの教科においてもその教科の特色や役割を端的に言い表したものである。教科目標は教科の存在意義を象徴している。

　社会科の教科目標は，これまで次のように一文で示されてきた。

　社会生活についての理解を図り，我が国の国土と歴史に対する理解と愛情を育て，国際社会に生きる民主的，平和的な国家・社会の形成者として必要な公民的資質の基礎を養う。

　ここに示されている「公民的資質の基礎を養う」ことは，昭和43年版の学習指導要領から一貫して目標に位置付けられ，究極的なねらいとして，社会科を象徴するフレーズとされてきた。教科目標は，昭和52年版の学習指導要領以来，平成元年版，10年版，20年版と，多少の文言が追加，変更されたものの，基本的な構成などは変更されることがなかった。

　今回の改訂では，その構成と内容が次のように改められた。

　まずは，教科目標が前文とそれを受けた項目から構成されたことである。前文では総括的な目標が示され，その後に具体的な目標が示された。

　次は，総括的な目標の下に，社会科で育成する「資質・能力」の内容が新たに3項目示されたことである。これらは資質・能力の「三つの柱」（「知識及び技能」「思考力，判断力，表現力等」「学びに向かう力，人間性等」）から構成されている。これらの要素は各学年の目標の構成や内容の示され方に貫かれている。このことは三つの具体的な目標を統一的，一体的に育成することによって，社会科の役割が果たされることを意味している。

18

2 教科目標をどう読むか

1 ─ 総括的な目標の読み方

社会科の教科目標のうち，総括的な目標は次のように示されている。

> 社会的な見方・考え方を働かせ，課題を追究したり解決したりする活動を通して，グローバル化する国際社会に主体的に生きる平和で民主的な国家及び社会の形成者に必要な公民としての資質・能力の基礎を次のとおり育成することを目指す。

前文に当たる総括的な目標は，小学校，中学校の社会科に共通している。高等学校の地理歴史科，公民科の目標も共通して示される模様である。

総括的な目標の前半には，授業において社会的な見方・考え方を働かせることや，課題を追究したり解決したりする活動を展開することが示されている。これらは，主体的・対話的で深い学びのある授業を実現するためにも重要な原則である。

「社会的な見方・考え方」とは，社会や社会的事象を調べたり考えたりするときの「追究の視点や方法」のことである。「視点」とは，社会や社会的事象を追究する際に着目する視点のことであり，地理的環境（空間軸），歴史や伝統・文化（時間軸），社会の仕組みや働き（社会システム軸）の三つの視点を指している。「方法」とは，情報を処理したり整理したりする際の手続きや手段のことであり，例えば，比較する，分類・整理する，関連付ける，総合するなどの活動を指している。こうした趣旨をもつ「社会的な見

1章 「第1 目標」のポイントと解説 ● 19

方・考え方」を学習場面で働かせることにより，社会的事象やその本質をより深く，多角的に捉えることができ，社会に対する理解や認識が深まっていくと考えられる。ちなみに，「社会的な見方・考え方」を養うことは，平成元年版の学習指導要領から「内容の取扱い」に配慮事項として示されてきた。社会科においては新しい課題ではない。ただ，「見方・考え方」をどう捉えるかについては改めて確認したい。

「課題を追究したり解決したりする活動」とは，小学校の社会科授業でこれまでも展開されてきた問題解決的な学習のことである。これからは求められている資質・能力の育成を目指して，子供たちが社会に対する理解・認識を深め，学習技能と問題解決能力を身に付け，地域社会に対する誇りと愛情や国土と歴史に対する愛情を養うことを一層重視した指導が求められる。

なお，学習指導要領の各学年の目標には，「社会的な見方・考え方」が「社会的事象の見方・考え方」と，「課題を追究したり解決したりする活動」が「学習の問題（注：『解説』（文部科学省）では「学習問題」と表記されている）を追究・解決する活動」と言い換えられている。これらは小学校の授業実態を踏まえたものである。

総括的な目標の後半には，「グローバル化する国際社会に主体的に生きる平和で民主的な国家及び社会の形成者に必要な公民としての資質・能力の基礎」を育成すると，国際社会に「グローバル化する」が付け加えられたが，これは国際社会の姿を言い表しているもので趣旨はこれまでと基本的に変わらない。また，従来の「公民的資質の基礎」が「公民としての資質・能力の基礎」と改められたが，これは表記の統一性と具体的な目標の構成との整合性を図ったものである。

「公民的資質の基礎」については，これまでの『学習指導要領解説　社会編』において，平和で民主的な国家及び社会の形成者としての自覚をもつこと，自他の人格を互いに尊重し合うこと，社会的義務や責任を果たそうとすること，社会生活の様々な場面で多面的に考えたり，公正に判断したりすることなどと説明されてきた。「公民」とは「市民・国民」のことである。

2－ 具体的な目標の読み方

　次は，三つの具体的な目標をどう読むかについてである。まず，１項目目は次のように示されている。

> （1）地域や我が国の国土の地理的環境，現代社会の仕組みや働き，地域や我が国の歴史や伝統と文化を通して社会生活について理解するとともに，様々な資料や調査活動を通して情報を適切に調べまとめる技能を身に付けるようにする。

　具体的な目標の(1)の前半部分には，理解に関する目標が示されている。ここには，地域や我が国の国土を理解する内容が，地理的環境，現代社会の仕組みや働き，歴史や伝統・文化の三つの視点から示されている。ここでは，「理解する」と記述されているが，理解することによって，新たな知識として定着していくことが期待されている。

　後半部分は技能に関する目標で，調査活動や資料活用などを通して情報を収集，分析，整理するなど調べたりまとめたりするための技能を身に付けることが示されている。観察・調査，資料活用などは，これまでは能力として捉えられてきたが，今後は技能として扱うようになる。

　次に，２項目目は次のように示されている。

> （2）社会的事象の特色や相互の関連，意味を多角的に考えたり，社会に見られる課題を把握して，その解決に向けて社会への関わり方を選択・判断したりする力，考えたことや選択・判断したことを適切に表現する力を養う。

　具体的な目標の(2)は能力に関する目標である。考える力，選択・判断する力，表現する力がその対象や内容とともに示されている。考える内容は社

会的事象の特色や意味，相互の関連のことであり，選択・判断する対象は社会に見られる課題解決に向けた関わり方である。ここには，表現する力を養うための内容が考えたことや選択・判断したこととされているが，調べたことや理解したことを表現することも含まれることに留意したい。

さらに，3項目目は次のように示されている。

---

(3) 社会的事象について，よりよい社会を考え主体的に問題解決しようとする態度を養うとともに，多角的な思考や理解を通して，地域社会に対する誇りと愛情，地域社会の一員としての自覚，我が国の国土と歴史に対する愛情，我が国の将来を担う国民としての自覚，世界の国々の人々と共に生きていくことの大切さについての自覚などを養う。

具体的な目標の(3)は学びに向かう力・人間性等に関する目標である。態度に関する目標と言い換えることもできる。ここには，主体的に学習に取り組む態度（学習意欲・態度）とともに，内心に関わる誇りや愛情，自覚といった社会的な態度についても目標に位置付けられている。前者は新たに位置付けられた内容であるが，後者はこれまでも学年目標に示されてきた。

学校教育法第30条に規定されている学力を構成する基本要素は，「知識及び技能」「思考力，判断力，表現力その他の能力」「主体的に学習に取り組む態度」である。ここには，誇りや愛情，自覚などを養うといった「社会的な態度」に関わることは含まれていないが，改訂された教科目標には位置付けられている。これらの事項は，これまで学年の目標に示されてきたことである。

このように見てくると，社会科の教科目標は，構成は大きく変わったが，その意味することや趣旨はこれまでと基本的に変わるものではない。

3 目標に関わる 授業づくりの課題

1 — 単元等の目標設定

　教科目標は，各学年において単元（小単元）や本時の目標として具体化されることによって，実現の一歩が踏み出される。

　単元（小単元）の目標は，構成している三つの要素を含めて設定することになろう。例えば，次のようなフレーズが考えられる。

・○○について，○○であることを理解する。

・○○するために必要な○○する技能を身に付ける。

・○○などの知識を基に，○○であることを考え，表現する。

・意欲的に問題解決に取り組み，○○としての自覚をもつようになる。

　本時の目標（ねらい）は，これらを踏まえ，本時の教材や学習活動などを考慮して選択したり重点化したりして具体的に設定する。

2 — 評価の観点

　本稿の執筆の時点では，評価の観点として「知識・技能」「思考・判断・表現」「主体的に学習に取り組む態度」が挙げられている。観点別評価がなじまないとされる自覚，誇り，愛情といった内心に関わる目標は個人内評価で見取ることになる。授業においては目標と指導と評価が相互に関連し，一貫性をもっていることから，目標を構成する三つの要素は評価の観点とは深く関連している。今後，学習評価の目的を再確認するとともに，社会科においても，目標を踏まえた評価規準の作成，評価方法の開発，評価結果の活用，指導と一体化した評価計画の作成などが課題になる。　　　（北　　俊夫）

1章　「第1　目標」のポイントと解説 ● 23

2章 「第2 各学年の目標及び内容」のポイントと解説

第3学年

目標

1 — 知識及び技能の習得

　第3学年の目標(1)は，「知識及び技能」に関する目標である。知識については，市を中心とした地域における地理的環境や人々の生活や諸活動，それらの移り変わりについて，理解を深めることが期待される。まずは「身近な地域や自分たちの市区町村の位置，地形や土地利用，交通の広がり，市役所などの主な公共施設の場所と働き，古くから残る建造物の分布などを基に，身近な地域や市の様子を大まかに理解」する。次に，「消防署や警察署などの関係機関の働きや，地域に見られる生産や販売の仕事の様子など」「自分たちの市やそこに住む人々の生活の様子は時間の経過に伴い移り変わってきたことなどを理解」する。その上で，「地域の人々の生活との関連を考えることを通して，地域における社会生活」の実相についても理解できるようにすることが求められている。技能については，市や県などの地域における社会的事象の観察や見学，聞き取りなどの調査活動とともに，地図帳や各種の具体的資料を通して関連する情報を収集し，読み取り，まとめることができるようにすることが望まれる。上記の知識に関わり，「見学や観察，聞き取りなどの調査活動や，地図帳や地域の平面地図や立体地図，写真，実物などの具体的資料を通して」調べ，「必要な情報を集め，読み取り，白地図や年表などにまとめる技能を身に付けるようにすること」が期待されている。

2 — 思考力，判断力，表現力等の育成

　第3学年の目標(2)は，「思考力，判断力，表現力等」に関する目標である。

「社会的事象の特色や相互の関連，意味を考える力」，「社会に見られる課題を把握して，その解決に向けて」自分たちにできることなど，社会への関わり方を選択・判断する力を養うことが求められる。「身近な地域や市の場所による違い，生産の仕事と地域の人々の生活の関連や販売の仕事に見られる工夫，人々の安全を守る関係機関の相互の関連やそこに従事する人々の働き，市や人々の生活の様子の変化などを考える力」，「地域や自分自身の安全に関して，地域や生活における課題を見いだし，それらの解決のために自分たちにできることを選択・判断したり，これからの市の発展について考えたりする力」，「社会的事象の特色や相互の関連，意味について考えたことや，社会への関わり方について選択・判断したことを文章で記述したり，資料などを用いて説明したり話し合ったりする力を養う」ことが望まれている。

3− 学びに向かう力，人間性等の涵養

　第3学年の目標(3)は，「学びに向かう力，人間性等」に関する目標である。学習する生活舞台が市を中心とした地域であることから，「地域社会に対する誇りと愛情」，「地域社会の一員としての自覚を養う」ことが求められる。「学習問題を追究・解決するために，社会的事象について意欲的に調べ，社会的事象の特色や相互の関連，意味について粘り強く考えたり，調べたことや考えたことを表現しようとしたりする主体的な学習態度」，「これまでの学習を振り返り，学習したことを確認するとともに，学習成果を基に，生活の在り方やこれからの地域社会の発展について考えようとする態度」，「地域社会についての理解を踏まえて，自分たちの生活している地域社会としての市区町村に対する誇りと愛情」，「地域社会についての理解を踏まえて，自分も地域社会の一員であるという自覚や，これからの地域の発展を実現していくために共に努力し，協力しようとする意識」など，「これらの誇りや愛情，自覚は，現在及び過去の地域社会の特色やよさ，課題への理解に基づくものであり，学習活動を通して考えたり理解したりしたことを基に涵養されるものであること」が明示されている。
　　　　　　　　　　　　　　　　　　　　　　　　　　　　　　　（永田　忠道）

第3学年

1 身近な地域や市区町村の様子

ア　知識及び技能の習得

(ア)　身近な地域や自分たちの市の様子を大まかに理解すること。

　第3学年，そして小学校社会科の最初の学習内容が，身近な地域や自分たちの市の様子である。この内容は，これまでの社会科でも受け継がれているものではあるが，今次の改訂では「内容の取扱い」において，学年の導入で扱うこと，「自分たちの市」に重点を置くよう配慮することが示された。

　学習の起点はこれまでと同様に，身近な地域からとなるが，そこだけに時間をかけ過ぎずに，「都道府県内における市の位置，市の地形や土地利用，交通の広がり，市役所など主な公共施設の場所と働き，古くから残る建造物の分布などを基に，身近な地域や市区町村の様子」へと視点を早期に広げた学習が求められる。

　具体的には第3学年からの使用となる教科用図書「地図」（地図帳）を開き，自分たちの市が都道府県内のどのような位置にあるのか，また子供たちのこれまでの経験や写真・画像などから市内は山に囲まれているのか，大きな川が流れているのか，田畑が多いのか，工場が多いのか，などの概略をつかむことになる。市内のどこに駅があり電車や汽車はどことつながっているのか，市役所や図書館，児童館や体育館はどこにあり，誰がどのように利用しているのか，古くから残る神社や寺院，伝統的なまち並みはどこにあり人々がどのように大事にしてきたのか，などの知識の習得がここでは求められる。

　これまで第3学年と第4学年でまとめて示されていた内容とは異なり，今次の改訂では第3学年の内容は，内容(1)の「身近な地域や市の様子」から始まり，内容(4)の「市の様子の移り変わり」まで，基本的には子供たちの生活する市を中心とすることになった。第3学年の学習の全体像も意識しな

がら，本単元においては，第2学年までの生活科での町探検などでの学習経験も生かしながら，これまで以上に自分たちの市全体を意識した学習内容の取扱いが期待される。

(イ) 観察・調査したり地図などの資料で調べたりして，白地図などにまとめること。

　身近な地域や市の様子の学習において，身に付けるべき技能としては，まず観察・調査という手法が明記されている。子供たちの学校周辺などは実際に様々な社会的事物や事象の観察が可能であることからも，ここでは子供たちの実体験を伴う観察を中心とした調査活動を交えた学習展開が求められている。

　しかしながら，身近な地域から市の全体へと学習対象を広げていくに当たっては，観察や経験が及ばない範囲に踏み込んでいくことになることからも，観察のような実体験だけでなく，地図などの資料で調べる活動も早い段階から仕組んでいくことになる。その際には今後は第3学年から地図帳が大きな役割を担うことになるが，この地図帳を参考にはしながらも，身近な市に関するさらに具体的な地図や写真などの活用も必要になる。

　地図帳や具体的な地域の地図を活用する際には，特に方位や主な地図記号についての取扱いが重要である。

　方位については市の様々な施設と学校や子供たちの自宅からの位置関係を東西南北の四方位から始めて，八方位については第3学年だけでなく，第4学年にかけても継続的・意識的に学習活動に組み込むことでの定着が求められる。

　地図記号についても，建物や施設，土地利用や交通に関わる記号を中心に，実物や写真などと地図帳や地図との対応関係を努めて図ることで，地図や地図記号の利便性を子供たちに体感させるような学習展開が望まれる。

　方位や地図記号については，地図帳や地図からの読み取りだけでなく，調べたことを白地図などにまとめていく際にも有効なツールとなり得ることも

2章　「第2　各学年の目標及び内容」のポイントと解説 ● 27

実感させる必要がある。ここでは，方位や地図記号を覚え込ませるような指導ではなく，それらをうまく活用すると身近な地域や自分たちの市の様子をつかみやすくなったり，表現しやすくなったりする有効性をつかませたいところである。

イ　思考力，判断力，表現力等の育成
(ア)　都道府県内における市の位置，市の地形や土地利用，交通の広がり，市役所など主な公共施設の場所と働き，古くから残る建造物の分布などに着目して，身近な地域や市の様子を捉え，場所による違いを考え，表現すること。

　身近な地域や市の様子の学習において目指される知識と技能は，思考力，判断力，表現力等の育成と不可分の関係にある。身近な地域や自分たちの市の様子の大まかな理解を目指して，観察・調査したり地図などの資料で調べたりして，白地図などにまとめる際には，都道府県内における市の位置，市の地形や土地利用，交通の広がり，市役所など主な公共施設の場所と働き，古くから残る建造物の分布などに着目して，身近な地域や市の様子を捉え，場所による違いを考え，表現することが期待される。

　本単元の学習問題と追究する際の問いとしては，次ページのようなものが考えられる。学校の周りの様子を学習の起点にはしながらも，市全体の様子をつかんでいくべく，位置や分布，違い，目的，働き，由来などの視点で観察・調査したり地図などの資料で調べたりして，市の様子の現象をつかんでいく。

　その成果を白地図などにまとめる作業などを通して，「なぜそこに集まっているのか」，「なぜそこにつくられたのか」，「どんな違いがあるといえるのか」など，特色や意味を考える活動によって，身近な地域や市の様子は，自然条件や社会的な条件によって場所による違いがあることを大まかに理解していくことになる。このような学習の成果が，第3学年で続く他の単元の大事な基礎となることを意識した取扱いも必要である。

●単元の学習問題と追究する際の問いの例

○単元の学習問題の例
「身近な地域の様子」と「市の様子」とを分けて二つの単元で構成する場合
①学校の周りの様子はどのようになっているのだろう
②わたしたちの市の様子はどのようになっているのだろう　など

「身近な地域の様子」と「市の様子」を合わせて一つの単元で構成する場合
・わたしたちの市にはどのような場所があり，市全体ではどのような様子なのだろう　など

○追究する際の問いの例
【位置】
・わたしたちの学区は市内のどこに位置しているか
・わたしたちの市は県内のどこに位置しているか

【地形】
・市内の地形はどのような様子か
・どのあたりが高くてどのあたりが低くなっているか

【土地利用】
・市内の土地はどのように利用されているか
・駅の近くはどのような様子か
・住宅が広がっている場所はどのような様子か
・田畑や山林が広がっている場所はどのような様子か
・市内の田畑や山林はどのように広がっているか

【市役所など主な公共施設の場所と働き】
・主な公共施設はどこにあるか
・その公共施設はどのような働きをしているか

【交通の広がり】
・市内の交通はどのように広がっているか
・市内の交通は他の地域とどのようにつながっているか　など

（永田　忠道）

第3学年

2 地域に見られる生産や販売の仕事

ア　知識及び技能の習得

(ア) **生産の仕事は，地域の人々の生活と密接な関わりをもって行われていることを理解すること。**

　生産の仕事は，内容の枠組みとしては「現代社会の仕組みや働きと人々の生活」の経済や産業に位置付くものである。これまでは「地域の人々の生産や販売」として生産と販売がまとめて示されていたが，今回の改訂では，生産の仕事と販売の仕事の理解事項の差異を明確にし，生産の仕事が(ア)として，販売の仕事が(イ)として分けられた。

　生産の仕事では，市全体における生産の仕事という観点が重視されている。農家や工場などの生産の仕事は，市内の自然条件や交通などの社会条件による立地が明確なことや生産物が地域の人々に利用されていることから，次のような学習課題を設定し，地域の様子の理解を深めていくことが考えられる。

　ここでは，市の地図を効果的に活用して，自分たちの住む地域には様々な生産に関する仕事があること，産地は市内に分布していることなどを空間的な広がりから捉えさせたい。

　また，市内の生産の仕事の中には，地域に根ざしたものが少なくない。そこには，自然条件や社会的条件など地域の環境とのつながりがあったり，市内の生産物が地域で加工，消費されたりしていることを捉えさせることで，市内の人々の生活と密接な関わりをもって行われているということが理解できる。

30

(イ) **販売の仕事は，消費者の多様な願いを踏まえ売り上げを高めるよう，工夫して行われていることを理解すること。**

　販売の仕事も，内容の枠組みとしては「現代社会の仕組みや働きと人々の生活」の経済や産業に位置付くものであり，今回の改訂では，生産の仕事と分けられて販売の仕事は(イ)として示された。

　販売の仕事は，経済的活動であるという観点が重視されている。これまでは「自分たちの生活を支えていること」を通して「仕事に携わっている人々の工夫を考える」よう示されていた。ややもすると，私たちの生活を支えているお店の人の工夫や努力に感謝しようなど単元の本質的なねらいからずれた学習展開が散見される。

　しかし，販売の仕事は，本来は売り上げを高めるために工夫して行われているものであり，消費者のニーズを踏まえた販売の工夫について理解を深めていく必要がある。

　また，ここで市内の販売の仕事の分布を扱うことは，あまり意味のあるものではない。大型スーパーなどは，市内外から買い物客が訪れる。販売する商品の仕入れ先や産地なども国内外に広がっており，従来，生産と販売両方で扱われていた「他地域や外国との関わり」は，販売の仕事で重点的に扱われるとともに，消費者との関係から販売の仕事の工夫を理解することが求められている。

(ウ) **見学・調査したり地図などの資料で調べたりして，白地図などにまとめること。**

　第3学年の社会では，見学して生産や販売の仕事に従事する人々から聞き取り調査をする学習活動を設定したい。その際，見学で調べる観点を明確にして観察したり，事前に質問事項を考えて聞き取り調査をしたりすることが主体的な学びを支える情報を集める技能を身に付ける上で重要である。

　また，生産の仕事について集めた情報を白地図や図表にまとめたり，販売の仕事では商品の仕入れ先や産地を地図帳で調べて位置関係を確かめながら

2章　「第2　各学年の目標及び内容」のポイントと解説　● 31

白地図にまとめたりする学習活動を設定することが，まとめる技能の習得につながる。

イ　思考力，判断力，表現力等の育成

(ア)　仕事の種類や産地の分布，仕事の工程などに着目して，生産に携わっている人々の仕事の様子を捉え，地域の人々の生活との関連を考え，表現すること。

　ここでは，市内の土地利用と道路などの交通網が記載された地図に農家や工場などを位置付けていくと，川や低い土地の近くに農家の畑が集まっている，大きな道路や高速道路の入口の近くに工場が集まっているなどの分布の傾向を捉えることができる。

　また，農家や工場などの生産に関わる原材料の仕入，施設や道具，仕事の手順やこつ，生産物の出荷などを生産工程に即して調べていくことで生産の仕事の様子を捉えることができる。

(イ)　消費者の願い，販売の仕方，他地域や外国との関わりなどに着目して，販売に携わっている人々の仕事の様子を捉え，それらの仕事に見られる工夫を考え，表現すること。

　ここでは，見学して見つけてきた工夫をカード化して紹介し合い，販売の仕方に着目して分類し，工夫の目的を考えることで，品物の種類の多さ，値段の付け方，商品の見つけやすさなどの販売の工夫を捉えることができる。

　また，他地域や外国との関係に着目して商品の産地を地図帳などで調べ，他県や国の名称と位置を確かめ合うことをさせたい。これらの学習を通して，３年生の段階から地図帳に触れ，世界に目を向けていくことができるようにすることが大切である。

●単元の学習問題と追究する際の問いの例

[生産の仕事]
○**単元の学習問題の例**
　・市内にある生産の仕事はわたしたちの生活とどのような関わりがあるのだろう　など

○**追究する際の問いの例**
【仕事の種類】
　・市内にはどのような生産の仕事があるか

【産地の分布】
　・どのような生産の仕事が，どこに集まっているか

【仕事の工程】
　・どのようにして生産されているか　など

[販売の仕事]
○**単元の学習問題の例**
　・販売の仕事では人々は売り上げを高めるためにどのような工夫をしているのだろう　など

○**追究する際の問いの例**
【消費者の願い】
　・消費者はどのようなことを願って買い物をしているか

【販売の仕方】
　・商店の人は消費者の願いに応え売り上げを高めるために仕事をどのようにしているか

【他地域や外国との関わり】
　・商品や客はどこから来ているか
　・その商品を生産している国はどこにあるか　など

（石井　正広）

第3学年

3 地域の安全を守る働き

ア　知識及び技能の習得

(ア) 消防署や警察署などの関係機関は，地域の安全を守るために，相互に連携して緊急時に対処する体制をとっていることや，関係機関が地域の人々と協力して火災や事故などの防止に努めていることを理解すること。

　平成20年版学習指導要領の第3・4学年内容(4)「地域社会における災害及び事故の防止について」では，風水害・地震などの自然災害（天災）から人々を守る働きについても扱っていた。今回は，自然災害に関わる内容を第4学年内容(3)「自然災害から人々を守る活動」に移し，この第3学年内容(3)「地域の安全を守る働き」では，人々の努力や工夫で防ぐことのできる火災や事故など（人災）に内容を特化して学習を進めることにしている。このことで，「地域や自分たちの安全を脅かす火災や事故などは，自分たちで防ぐことができる」という当事者意識を育て，地域社会の一員としての自覚をより効果的に養うことができる。

　導入段階では「私たちの安全な暮らしは，誰が，どのようにして守ってくれているのだろう」という学習問題が考えられる。

　まず，自分たちの生活の中で見聞きした「危なかったこと」を出し合い，「火災」，「事故・事件」が，私たちの生活の安全を脅かす2大要件であることに気付かせる。そして，自分たちが普段，火災や事故・事件に遭うことなく安全に過ごせているのは誰がどのように力を尽くしてくれているからなのかを予想し，追究していきたい学習の問題を出し合い，それらを「火災」，「事故・事件」に分類し，それぞれの学習計画を立てる。

　学習計画を立てる際には，学習指導要領「内容の取扱い」の(3)アに留意する必要がある。ここでは，「緊急時の対処」と「平常時の予防」について，

34

火災と事故はいずれも取り上げることとされている。火災と事故に関わる事象のどちらにも，「緊急時の対処」と「平常時の予防」の両要素が含まれている。しかし，火災に関わる学習と事故などに関わる学習を全く同じように進めていくと，学習計画が長大になり，授業時数の大幅な増加と内容の重複は避けられない。また，見学活動においても，例えば消防署と警察署では，業務内容の種類や質が異なり，子供が見て理解しやすいかどうか，子供が見学する内容として適切であるかどうかについての配慮が必要である。よって，例えば，火災では「緊急時の対処」に重点を置いて指導し，事故などについては「平常時の予防」に重点を置いて指導するという学習計画を立て，学習のまとめの段階で，火災に関わる取組と事故などに関わる取組を比較してその共通点について考える活動を取り入れることで，「地域の安全を守るために関係機関が緊急時の対処と平常時からの予防を行っている」という総合的な知識を効果的に獲得させることができる。

(イ) 見学・調査したり地図などの資料で調べたりして，まとめること。

「情報を集め，読み取り，まとめる」技能は，問題解決の学習を通して実践的に養われる。学習の問題を追究するために必要な資料を集め，その中から問題解決のために必要な情報を読み取り，分かったことを白地図や図表にまとめる技能を，活用しながら育てていくことが必要である。地域の消防署や警察署や交番を見学するほかにも，「火災」については，学校のプールの水が消防水利として活用されていることを調べたり，「事故など」については地域にあるガードレールや交通標識，信号，交番の数や位置や働きを調べて地図上にドットで表したり，地域の交通安全活動や防犯活動に尽力している団体に聞き取り調査をしたりする活動が考えられる。なお，情報や資料の提示の仕方や種類にも配慮が必要である。交通標識や信号について調べる際には視覚障害者用の音響式信号機が設置されていることに気付かせたり，交番勤務の警察官が，区域内の高齢者のいる世帯を把握してパトロールを行っていることを聞き取り調査の際に話してもらうように事前に依頼しておいた

2章 「第2 各学年の目標及び内容」のポイントと解説 ● 35

りするなどの工夫をして，全ての地域住民の安全を守るために様々な配慮が
なされていることに気付くようにすることが大切である。このことで，子供
は，自分たちの立場からだけではなく，障害者や高齢者などの様々な立場か
ら地域の安全について多角的に考えることができる。

イ　思考力，判断力，表現力等の育成

**(ｱ) 施設・設備などの配置，緊急時への備えや対応などに着目して，関係機
　関や地域の人々の諸活動を捉え，相互の関連や従事する人々の働きを考え，
　表現すること。**

　導入段階で提示された学習問題（「私たちの安全な暮らしは，誰が，どの
ようにして守ってくれているのだろう」）を解決するために，社会的事象の
見方・考え方を働かせた「問い」を設け，それに従って調べたり，人々の生
活と関連付けて考えたりして学習を進めていく。

　「相互の関連や従事する人々の働きを考え，表現する」活動の具体例とし
ては，例えば，地域にあるガードレールや交通標識・信号・交番などの数や
位置や分布を表した白地図から，それらの配置の意図を読み取って説明する
活動や，消防署や警察署を中心とする関係機関や地域の人々のそれぞれの協
力の仕方や働きをまとめた図を基に，それらの活動の働きと人々の生活との
関連を説明する活動などが考えられる。

　「内容の取扱い」の(3)イでは，「社会生活を営む上で大切な法やきまりに
ついて扱うこと」とされている。火災については，防火設備の設置や点検，
消防訓練の義務などのほかに，不審火を防ぐためのごみ出しのきまりや消火
活動を妨げないようにするための法やきまりを取り上げたり，事故などにつ
いては登下校などにおける交通事故の防止に関わる法やきまりを取り上げた
りするなど，地域の人々の安全な生活の維持と向上を図るための法やきまり
を扱うようにする。その際，それらの法やきまりを守ることを呼び掛けてい
るのは消防署や警察署だけでなく，地域の人々も関係機関と協力して法やき
まりを守ることを呼び掛けたり子供たちに教えたりして地域の火災防止・事

故防止・防犯に努めていることを取り上げ，法やきまりを守ることが地域の安全な生活を営む上で大切であることに気付くように指導する必要がある。

「内容の取扱い」の(3)イでは，「地域や自分自身の安全を守るために自分たちにできることなどを考えたり選択・判断したりできるよう配慮すること」とされている。具体的には，地域の安全マップを作成したり，火事を引き起こさないような生活の工夫や，事故や事件に巻き込まれないような生活の仕方について討論したり，討論した結果を基に標語やポスターにしたりして，校内や地域に提案するなどの活動が考えられる。「自分が学んだことが誰かの役に立つ」という経験は，子供の自己効力感を高め，さらなる学習への意欲をわき立たせる。これこそが「学びに向かう力」の原動力であり，「人間性の育成」に資するものである。

●**単元の学習問題と追究する際の問いの例**

○**単元の学習問題の例**
・わたしたちのくらしの安全は
　どのような人々の働きに守られているのだろう　など

○**追究する際の問いの例**
【施設・設備などの配置】
・どこにどのような施設・設備があるか

【緊急時への備えや対応】
・どのように連携・協力して火災や事故などの発生に備えているか
・どのように連携・協力して火災や事故などの発生時に対応しているか

【社会への関わり方を選択・判断】
・自分たちの安全を守るために私たちにできることは何か

　　　　　　　　　　　　　　　　　　　　　　　　　　　　　　など

（柴田　華子）

2章　「第2　各学年の目標及び内容」のポイントと解説 ● 37

第3学年

4 市の様子の移り変わり

ア　知識及び技能の習得

(ア) 市や人々の生活の様子は，時間の経過に伴い，移り変わってきたことを理解すること。

　ここでは，自分たちの住んでいる市の様子やそこに住む人々の生活の様子が，時間の経過に伴って変わってきたことを理解することを目指している。これは，道具の変化に伴った人々の生活の今と昔の違いや変化，過去の生活における人々の知恵を中心に扱ってきた現行学習指導要領とは，理解する内容が大きく異なっている。つまり，市の移り変わりを柱として学んでいき，その変化と人々の生活の様子を結び付けて理解していくということである。例えば，昔から今までを振り返って，自分たちの住んでいる市を見ると，駅ができた，道路が通った，団地ができた，工場ができた，学校ができた等，いろいろな変化がある。また，地図に表される変化だけでなく，人口の変化や生活で使う道具なども変わってきている。そして，その時期によって，市の様子や人々の生活の様子も違う。例えば，道路などがあまりなかった頃はお店も少なく，人々は井戸を使って洗濯や料理をしていたが，現在は住宅地ができ，バスが頻繁に行き来し，スーパーができ，いろいろな家電を使って家事にかける時間が短くなっている等，生活の変化の様子も市の様子の変化と結び付いている。ここでは，市全体の移り変わりを理解させていくプロセスについて，3年生という発達段階を踏まえて計画することが大切である。市によって，その大きさ，変化の時期，人口の様子等は異なっているので，自分たちの住んでいる市の移り変わりについて，どの時期を捉えるのかを明確にし，地図や写真等の資料を活用しながら理解できるように工夫する。また，公共的な建物に関しては，市役所や租税の役割に触れていくことも意識

しておく必要がある。

　子供たちは，今までの学習で現在の市の様子について学んできているが，その市がどのような移り変わりの中で今に至っているのかについては，ここで初めて出合う。子供たちが自分たちの市に誇りと愛情をもつとともに，今まで移り変わってきたこの市を，今後自分たちがつくっていくのだという意識を3年生なりにもてるようにしたい。

　また，ここで分かったことをイの(ア)に関連付けて指導していくことが大切である。調べて分かったことを年表等にまとめていき，それを基に関連付けていくことで，どのように変わってきたのかということが明確になっていくのである。

(イ) 聞き取り調査をしたり地図などの資料で調べたりして，年表などにまとめること。

　この学習では，社会科の中で，初めて歴史的な事象を扱う。また，交通機関ができたり，公共施設が整備されたりしたことを手掛かりに，市の時間の経過に伴う移り変わりを学ぶことになる。そこで，子供たちにとって，この学習を分かりやすく，具体的に理解できるものにするために，聞き取り調査等の具体的な活動を取り入れる。実際に博物館や郷土資料館の人や，地域の人々に，変化があった時期のまちや人々の生活の様子を具体的に聞いたり，第3学年の最初に活用した地図と昔の地図，あるいは写真等で昔と今の様子を比べて学習を進めていったりすることで，子供たちの理解を深めていくことができると考えられる。また，年表もここで初めて作成するので，作成した年表が子供たちの考える手掛かりとなるようにしたい。例えば，元号等を基に，いくつかの時期に分けた年表を用意し，子供たちと共に調べたことをその中に位置付けていく。具体的には，写真や地域の人の話，できた建物，人口，土地の使われ方等である。その際，言葉だけでなく，地図やグラフ等様々な資料を位置付けることで，子供たちは時期による違いや変化を捉えやすくなる。

2章　「第2　各学年の目標及び内容」のポイントと解説　●　39

年表でまとめる際には，時期の区分を踏まえて年代順に整理していくことが大切である。これは，第4学年以降の学習を進めていく上でも大事になっていく。

イ　思考力，判断力，表現力等の育成
(ア)　交通や公共施設，土地利用や人口，生活の道具などの時期による違いに着目して，市や人々の生活の様子を捉え，それらの変化を考え，表現すること。

　それぞれの市では，様々な経過を経て移り変わり，今に至っている。その変化を捉えるために，市の様子が大きく変わったいくつかの時期を取り上げて，市の様子や人々の様子の変化を考えていく。具体的には，交通の整備や公共施設の建設，団地などの住宅開発，市町村合併などがあった時期が大きく変化した時期といえるだろう。つまり，交通，公共施設，土地利用，人口，生活の道具等を視点とし，市や生活の様子を捉えていく。

　3年生にとって，市の移り変わりは，二重の意味で見えにくい。つまり，生活圏から広がっていることと時間的に過去のことであるということである。それを具体的に捉え，考えていくためにも，それぞれの変化を関連付けて考えていくのが大切である。例えば，大きな駅ができると，そこに商業施設が広がったり，住宅ができたりする。そして，人口も増える。駅ができる前と後のその地域の写真を見ると，まちの変化は一目瞭然であろう。つまり，市全体の土地利用の様子や交通の様子，人口の増減等の視点で，大きく変化した時期を現在を含めて3～4ぐらいに絞り，様々な変化を具体的に捉えながら，それを関連付けて，市全体の移り変わりを考えていくことが大切になる。そのために，考える手立てとしての年表をどう作成していくかということが，大事なポイントとなる。

　また，市と人々の生活の様子の変化だけを考えるのではなく，最終的には，市のこれからの発展に関心をもつことが大切になる。市によってその様子や抱える課題は様々であるが，一方で，それぞれの市は今後の発展に向けて，

ビジョンをもっている。そのビジョンを3年生にも分かるように資料化し，今後の発展について話し合う等の活動も大事にしたい。

●単元の学習問題と追究する際の問いの例

○単元の学習問題の例
・私たちの市はどのように移り変わって今のようになったのだろう　など

○追究する際の問いの例
【交通（の時期による違い）】
・市内では鉄道や道路はどのように整備されてきたか
・鉄道や高速道路が整備される前と後では市の様子はどのように変わったか

【公共施設（の時期による違い）】
・市内ではどのような公共施設がいつ頃建てられてきたか
・市は公共施設の整備をどのように進めてきたか
・公共施設の建設や運営に税金はどのような役割を果たしているか

【土地利用（の時期による違い）】
・市内の土地の使われ方はどのように変わってきたか
・工業団地やニュータウンはいつ頃誕生したのか

【人口（の時期による違い）】
・市内の人口はどのように変わってきたか
・人口が増え始めた（減り始めた）のはいつ頃か
・高齢者や外国の人はどのように増えているか

【生活の道具（の時期による違い）】
・生活に使う道具はどのように変化してきたか
・道具が変化して人々の生活の様子はどのように変わったか

【これからの市の発展を考える】
・これから市がどのように変わっていってほしいか（どのように変わっていくとよいと考えるか）
・市が考える将来の姿のうち，どれが一番大切と思うか　など

（梅田比奈子）

2章　「第2　各学年の目標及び内容」のポイントと解説 ● 41

第4学年

目標

1 – 知識及び技能の習得

　ここでは，「自分たちの都道府県の地理的環境の特色」，「地域の人々の健康と生活環境を支える働きや自然災害から地域の安全を守るための諸活動」，「地域の伝統と文化や地域の発展に尽くした先人の働き」について，地域の人々の生活との関連を踏まえて理解できるようにする。

　「自分たちの都道府県の地理的環境の特色」とは，以下のようなことである。

・自分たちの県の位置や地形，主な産業の分布など地理的環境の概要

・47都道府県の名称と位置

・地理的環境などの特色を生かし，まちづくりや産業の発展に努めている県内の地域の様子

　「地域の人々の健康と生活環境を支える働きや自然災害から地域の安全を守るための諸活動」とは，以下のようなことである。

・飲料水，電気，ガスを供給する事業や廃棄物処理の事業が人々の健康や生活環境の維持と向上に役立っていること

・地域の関係機関や人々は，自然災害に対し様々な対処や備えをしていること

　「地域の伝統と文化や地域の発展に尽くした先人の働き」とは，以下のようなことである。

・県内の文化財や年中行事は地域の人々の願いが込められ受け継がれてきたこと

42

・地域の発展に尽くした先人は様々な苦心や努力により生活の向上に貢献したこと

2− 思考力，判断力，表現力等の育成

「意味を考える力」は全ての学習内容において，「選択・判断する力」は場面を決めて，「表現する力」は意味を考えたり，選択・判断したりしたことを表す場面で，それぞれ養うようにすることが考えられる。

「社会的事象の特色や相互の関連，意味を考える力」を養うとは，自分たちの県の地理的環境の特色，飲料水，電気，ガスを供給する事業や廃棄物処理の事業が果たす役割，自然災害から地域の安全を守るための働き，県内の文化財や年中行事に込められた人々の願い，地域の発展に尽くした先人の苦心や努力などを考える力を養うことである。

「社会に見られる課題を把握して，その解決に向けて社会への関わり方を選択・判断する力」を養うとは，節水や節電，ごみの減量や水を汚さない工夫，自然災害に対する日頃からの備え，地域の伝統や文化の保存や継承などに関して，課題を見いだし，自分たちにできることを考えたり選択・判断したりする力を養うことである。

「考えたことや選択・判断したことを表現する力」を養うとは，意味について考えたことや社会への関わり方について選択・判断したことを，文章で記述したり，資料を用いて説明したり話し合ったりする力を養うことである。

3− 学びに向かう力，人間性等の涵養

主体的な学習態度，学習成果を基に生活の在り方やこれからの地域社会の発展について考えようとする態度を養うようにする。また，学習活動を通した地域社会についての理解を踏まえて，自分たちの生活している地域社会としての都道府県に対する誇りと愛情，自分も地域社会の一員であるという自覚やよりよい地域社会の実現のために共に努力し，協力しようとする意識などを養うようにする。

（小倉　勝登）

第4学年

1 都道府県の様子

ア 知識及び技能の習得

(ア) 自分たちの県の地理的環境の概要を理解すること。また，47都道府県の
名称と位置を理解すること。

　　ここでは，都道府県の様子と47都道府県の名称と位置について理解できる
ようにする。その際，都道府県の様子については，国内における自分たちの
県の位置，隣接する県との位置関係，県全体の地形や主な産業，交通網の様
子や主な都市の位置などを基に理解できるようにする。

　　具体的には，例えば以下のようなことが考えられる。

・県の地図や地図帳を活用して，自分たちの県の位置を隣接する県との位置
　関係や日本全体から見た位置関係などで方位などを用いて表す。

・県全体の主な山地や平地，半島，川，湖，海などの位置と県全体に見られ
　る主な産業の分布や広がりを理解する。

・県内に生活している人々などが利用している主な道路や鉄道，主な都市の
　位置や広がりを理解する。

　　47都道府県の位置については，我が国が47都道府県で構成されていること
や，各都道府県の名称や日本地図上の位置などを基に理解する。

　　具体的には，地図帳を活用して，47都道府県の位置を確かめ，その名称を
白地図にかき表したり，日本地図（白地図）上で位置を指摘したりすること
によって，我が国が47都道府県で構成されていること，それらの名称と位置
を理解できるようにすることが考えられる。

44

(イ) 地図帳や各種の資料で調べ，白地図などにまとめること。

　ここでは，地図帳などを用いて，位置や地形，広がりや分布などの情報を読み取る技能と，名称と位置を確かめながら，調べたことを白地図などにまとめる技能などを身に付けることができるようにする。

　例えば，自分たちの県の位置，県全体の地形や主な産業の分布，交通網の様子や主な都市の位置について，県の地図や地図帳，立体模型，航空写真やインターネット，パンフレットなどを活用して調べ，白地図にまとめたりできるようにすることや，47都道府県の名称と位置について，地図帳で確かめたり，白地図にかき表したりすることなどが考えられる。

イ　思考力，判断力，表現力等の育成

(ア) 我が国における自分たちの県の位置，県全体の地形や主な産業の分布，交通網や主な都市の位置などに着目して，県の様子を捉え，地理的環境の特色を考え，表現すること。

　ここでは，社会的事象の見方・考え方を働かせて，県の位置，県全体の地形や主な産業の分布，交通網や主な都市の位置などについて問いを設けて調べたり，それらを総合して県の地理的環境の特色を考えたりして，調べたことや考えたことを表現する。

　「我が国における自分たちの県の位置」に着目するとは，自分たちが住んでいる県と日本全体から見た位置や隣接する県などとの位置関係について調べることである。

　「県全体の地形」に着目するとは，県全体の主な山地や平地，半島，川，湖，海などの位置や広がりの様子について調べることである。

　「主な産業の分布」に着目するとは，全国的に見て生産量の多い産業やその地域の特色ある産業などの分布について調べることである。

　「交通網」に着目するとは，県内を通る主な道路や鉄道などの交通網，主な駅や港，空港の位置などについて調べることである。主な道路としては高

2章　「第2　各学年の目標及び内容」のポイントと解説 ● 45

速道路，主な国道や県道などが考えられる。

「主な都市の位置」に着目するとは，県庁のある市や人口が集中している市，交通の要衝となっている市，産業の盛んな市など主な都市の位置を調べることである。

このようにして調べたことを手掛かりにして「県の様子」を捉えることができるようにする。このほかにも，内容(5)の「県内の特色ある地域の様子」の学習で取り上げる地域の位置に触れておくことなども考えられる。

「地理的環境の特色を考え，表現する」とは，土地利用の様子と地形などの自然条件や交通などの社会的な条件とを関連付けて考えたり，方位を基に県内をいくつかの地域に分けて，地域ごとの特色を考えたりして，ノートや白地図などにまとめたことを基に説明したり話し合ったりして，表現することが考えられる。

●単元の学習問題と追究する際の問いの例

○**単元の学習問題の例**
　・私たちの県の地形，交通，産業などは
　　どのような様子だろう

　　　　　　　　　　　　　　　　　　　　　　　など

○**追究する際の問いの例**
　【我が国における自分たちの県の位置】
　・私たちの県は日本のどこに位置しているか
　・私たちの県は何県と隣接しているか

　【県全体の地形】
　・私たちの県にはどのような地形が見られるか
　・山地や平地，川などはどのように広がっているか

【主な産業の分布】

・主な産業はどのようなもので，それはどこに分布しているか

・県内の特色ある産業はどのようなもので，それはどこに分布しているか

【交通網】

・交通網はどのように広がっているか

・主な駅や港などはどこにあり，主な鉄道や道路はどのように広がっているか

【主な都市の位置】

・主な都市はどこに位置しているか

・私たちの住む県には，どんな市や町があるか

・県庁のある市，人口が集中している市，交通の要所となっている市，産業の盛んな市などはどこにあるか

・特色あるまちづくりを進めているのはどの市か（「県内の特色ある地域の様子」の学習で取り上げる地域の位置に触れておく）

など

（小倉　勝登）

2章　「第2　各学年の目標及び内容」のポイントと解説　●　47

第4学年

2 人々の健康や生活環境を支える事業

ア　知識及び技能の習得

(ア) 飲料水，電気，ガスを供給する事業は，安全で安定的に供給できるよう進められていることや，地域の人々の健康な生活の維持と向上に役立っていることを理解すること。

　　これまで「飲料水，電気，ガスの確保や廃棄物の処理」としていた学習から「廃棄物」が他へ移行され，「確保」が「供給」へと変更された。

　　日本で様々な自然災害が起きるたびに，私たちは飲料水や電気，ガスの大切さを何度も痛感してきた。清潔で安全な水がない生活は極めて不衛生になる。さらに電気やガスがなければ，食べ物に火を通すこともできない。まさに私たちの「健康な生活」が維持できなくなるライフライン（命綱）である。

　　実際の学習では，このライフラインの重要性について丁寧に指導することが「地域の人々の健康な生活の維持と向上に役立っていること」の理解に直結する。また，昔から現在に至るまで事業が着実に整備されてきた経緯をまとめたり，諸外国の状況について取り上げたりする学習も効果が期待できる。

(イ) 廃棄物を処理する事業は，衛生的な処理や資源の有効利用ができるよう進められていることや，生活環境の維持と向上に役立っていることを理解すること。

　　これまで「内容の取扱い」において「廃棄物を資源として活用」していることを扱うこととされていたが，今回の改訂により，本事業が「資源の有効利用ができるよう」進められていることが「知識及び技能の習得」に明確に位置付けられた。今後，廃棄物を衛生的に処理することと資源として有効利

用することを一体の事業として捉え直し，学習計画を作成する必要がある。

　また，「法やきまり」についても改めて「内容の取扱い」に明記された。下水を処理せず，そのまま川や海に放出していたり，ごみを分別せずに埋めたり燃やしたりしていたため，公衆衛生に大きな影響を及ぼしていた過去の事実を学習する中で，「法やきまり」がその時々に策定，整備されてきたことや，身近な「法やきまり」の必要性などを理解させたい。

(ウ)　見学・調査したり地図などの資料で調べたりして，まとめること。

　ダムや取水堰，浄水場，清掃工場，埋め立て処分場など具体的な施設の見学が可能な単元である。実際の見学では施設の規模の大きさを実感し，臭いに驚き，働いている人の思いや願いにも直接触れることもできる。ただし，あらかじめ調べるための観点を明確にしておくことが重要である。

　また，ダムの位置や電気の供給経路など，地図帳を積極的に活用して確認させたい。そして県内だけではなく県外にも広く関わりながら事業を進めている地理的な広がりに気付かせるようにすることが大切である。

イ　思考力，判断力，表現力等の育成

(ア)　供給の仕組みや経路，県内外の人々の協力などに着目して，飲料水，電気，ガスの供給のための事業の様子を捉え，それらの事業が果たす役割を考え，表現すること。

　「供給の仕組み」や「県内外の人々の協力」などに着目して，例えば「安定的に供給するための仕組みはどのように工夫されているのか」，「県外の人々はどのように協力しているのか」などの問いを解決しながら事業の様子を捉えていく学習が必要である。特に水源林やダム，発電所，液化天然ガス製造基地などの位置を地図帳で確認させたい。

　また，節水や節電，省エネなどに向けて，自分たちにできることを具体的に考えさせることが大切である。とりわけ，飲料水については，雨がよく降る日本では「限られた資源」という認識が不足しがちである。「水源林を守

2章　「第2　各学年の目標及び内容」のポイントと解説 ● 49

っている人ががんばっているから」，「水道代が高くなるから」などという理由だけを根拠に節水するのではなく，「資源」として貴重な水の無駄な使い方を見直す重要さに気付き，進んで節水できるようにしたい。

　環境保全に向けた持続可能な社会づくりの観点からも，考えを友達同士で説明したり，話し合ったりする学習活動を位置付けることが重要である。

(イ) 処理の仕組みや再利用，県内外の人々の協力などに着目して，廃棄物の処理のための事業の様子を捉え，その事業が果たす役割を考え，表現すること。

　「処理の仕組みや再利用」，「県内外の人々の協力」などに着目して，例えば「廃棄物をどのように再利用しているのか」「廃棄物はどこで処理されているのか」などの問いを解決しながら，事業の様子を捉えていく学習が必要である。

　特に身近な環境問題と深く関わらせながら，ごみを減量したり資源として再利用したりしていくこと，また水を汚さないための工夫をしていくことの大切さについて議論しながら考える学習を展開していきたい。例えば，ごみから再生された製品を公共施設で利用していたり，下水を処理した水を事業所のトイレに利用していたりするなど，具体的に工夫している事例を扱うことで，自分たちにできる行動を考えさせたい。

　ただし，自分たちにできることを考え，選択・判断させることは重要だが，拙速な行動化を子供に求め過ぎないよう留意したい。

●単元の学習問題と追究する際の問いの例

[飲料水，電気，ガスを供給する事業]
○単元の学習問題の例
　・飲料水（電気，ガス）は，わたしたちのもとにどのようにして届けられているのだろう
　・飲料水（電気，ガス）を送り出している人々の仕事は，わたしたちの生活をどのように支えているのだろう　など

50

○追究する際の問いの例
【供給の仕組みや経路】
・飲料水（電気，ガス）は，どのような仕組みでつくられているか
・飲料水（電気，ガス）は，どのような経路を通って送られてくるか

【県内外の人々の協力】
・飲料水（電気，ガス）の供給は，どのような関係機関や人々の協力の下に成り立っているか
・節水（節電，省エネ）に地域の人々はどのように取り組んでいるか

【社会への関わり方の選択・判断】
・節水（節電，省エネ）に向けて自分たちに協力できることは何か　など

［廃棄物の処理］
○単元の学習問題の例
・ごみ（下水）は，どのように処理されているのだろう
・ごみ（下水）を処理する人々の仕事は，わたしたちのくらしの環境をどのように守っているのだろう　など

○追究する際の問いの例
【処理の仕組み】
・廃棄物をどのように集め処理しているか
・ごみはどのように分けられどのように処分されているか

【再利用】
・再利用にはどのような方法があるか
・ごみ（下水）はどのように有効利用されているか

【県内外の人々の協力】
・ごみ（下水）の処理は，どのような関係機関や人々の協力の下に成り立っているか

【社会への関わり方の選択・判断】
・ごみの減量や水を汚さない工夫など，自分たちに協力できることは何か　など

（児玉　大祐）

第4学年

3 自然災害から人々を守る活動

ア　知識及び技能の習得

(ア) 地域の関係機関や人々は，自然災害に対し，様々な協力をして対処して
　　きたことや，今後想定される災害に対し，様々な備えをしていることを理
　　解すること。

　ここでは，自然災害から人々を守る活動について理解できるようにする。
その際，県内で自然災害が発生していること，発生した際には県や市，警察
署や消防署，消防団などの関係機関や地域の人々が協力して対処してきたこ
と，関係機関と地域の人々は過去の自然災害の発生状況を踏まえて起こり得
る自然災害による被害を防いだり減らしたりするための備えをしていること
などを基に理解できるようにする。

　具体的には，例えば以下のようなことが考えられる。

・県内では，昔から繰り返し様々な自然災害が起こり，被害が出ていること
　を理解する。

・自然災害から地域の人々の安全を守るために，市，警察，消防などの関係
　機関が連携したり（公助），地域の人々の活動と協力したり（共助）しな
　がら，被害をできるだけ最小限にする活動を日頃から行っていることを理
　解する。

　また，実際に自然災害を取り上げ，指導するときには，例えば，風水害を
取り上げた場合には，国や県の働きや近隣の市の協力により，崖崩れの防止
や河川改修，水防倉庫の設置，避難場所の確保など，風水害を未然に防ぐ努
力をしていることや，避難訓練の実施，地域の消防団による危険箇所の見回
りや点検など，地域の住民が風水害防止に協力していることを取り上げるこ

とが考えられる。

　地震を取り上げた場合には，国と県と市の協力による地震情報の提供，緊急避難場所の指定や備蓄倉庫の設置，地震の発生を想定した緊急時の連絡体制などの整備，及び救助計画，避難訓練などへの地域の人々の協力と参加を取り上げることが考えられる。

　なお，実際に自然災害によって被災した地域や被災が想定される地域を取り上げる際には，そこに居住していた人々や今も居住している人々がいることを念頭に，個人の置かれている状況やプライバシーには十分に配慮する必要がある。

(イ) **聞き取り調査をしたり地図や年表などの資料で調べたりして，まとめること。**

　ここでは，聞き取り調査で必要な情報を集める技能と地図や年表など資料から情報を読み取る技能，時間の経過に沿って年表などに整理したり関係機関相互の協力関係を図表にまとめたりする技能などを身に付けることができるようにする。

　例えば，自然災害から地域の安全を守る活動について，市や県の従事している担当の人や地域の防災組織の人から話を聞いて調べたり，ハザードマップや市報などで調べたりして，地図や年表，関係図などにまとめたりすることが考えられる。

イ　**思考力，判断力，表現力等の育成**

(ア) **過去に発生した地域の自然災害，関係機関の協力などに着目して，災害から人々を守る活動を捉え，その働きを考え，表現すること。**

　ここでは，社会的事象の見方・考え方を働かせて，過去に発生した地域の自然災害，関係機関の協力などについて問いを設けて調べたり，それらの活動と人々の生活を関連付けて考えたりして，調べたことや考えたことを表現する。

2章　「第2　各学年の目標及び内容」のポイントと解説　●　53

「過去に発生した地域の自然災害」に着目するとは，県内においてこれまでに発生した自然災害の種類や場所，年代，被害の状況などを調べることである。

　「関係機関の協力」に着目するとは，自然災害が発生した際には，県庁や市役所はもとより，警察署や消防署，消防団や地域の自主防災組織など様々な人々が協力して，被害を減らすよう努力してきたことや，県庁や市役所などが防災対策を考え，県内の人々に情報を発信しながら防災対策の取組を進めてきたことを調べることである。「関係機関」は，県庁や市役所を中心に取り上げ，防災計画に基づく対策や事業について調べる。また，県庁や市役所が，消防署や警察署だけでなく，災害支援や救助を行う自衛隊など国の関係機関とも連携，協力して人々の安全を守る活動を行っていることを調べる。このほかにも，県内の地形や気候などの自然条件と自然災害との関わりを調べたりすることも考えられる。

　このようにして調べたことを手掛かりにして「自然災害から人々を守る活動」を捉えることができるようにする。

　また，ここでの学習を通して，県内で繰り返し自然災害が起きていることや，そうした自然災害は県内の自然環境との関係が深いことなどを踏まえて，今後県内などの地域で起こり得る自然災害を想定し，気象情報や防災情報，地域の地理的環境などに関心をもつなど日頃から自分たちにできる自然災害への備えを選択・判断したり，災害が起きたときに自分自身の安全を守るための行動を考えたりすることができるようにすることが大切である。

　「その働きを考え，表現する」とは，地域の関係機関や人々の防災のための活動と今後の自然災害発生の可能性や自然災害が発生した際の被害の甚大さなどとを関連付けて，県内の人々の命や財産，安全を守ることの大切さを考え，文で記述したり，年表や図表などにまとめて説明したり，話し合ったりして表現することが考えられる。

●単元の学習問題と追究する際の問いの例

○単元の学習問題の例

・地域の人々は自然災害にどのような対処をしてきたのだろう
また，これから想定される自然災害にどのように備えているのだろう

など

○追究する際の問いの例

【過去に発生した地域の自然災害】

・県内で過去にどのような自然災害が発生し，どのような被害をもたらしたか

・過去に発生した自然災害は，県の気候や地形などとどのような関係があるか

【関係機関の協力】

・自然災害が発生したとき，被害を少しでも減らすために関係機関や人々はどのように協力してきたのか

・今後，自然災害が発生した際に，県庁や市役所はどのような機関と連携・協力して対処する体制をつくっているか

【社会への関わり方の選択・判断】

・今後，地域で起こり得る自然災害に対し，自分たちでできる備えはどのようなことか

など

（小倉　勝登）

2章　「第2　各学年の目標及び内容」のポイントと解説 ● 55

第4学年

4 県内の伝統や文化，先人の働き

ア　知識及び技能の習得

(ア) 県内の文化財や年中行事は，地域の人々が受け継いできたことや，それらには地域の発展など人々の様々な願いが込められていることを理解すること。

　県内の文化財や年中行事とは，地域の歴史を伝える民俗芸能などの文化財や，地域の人々が楽しみにしている祭りなどの年中行事のことである。自分たちの住む県内には，様々な場所で文化財や年中行事が受け継がれている。子どもたちが楽しみにしている地域の祭りにしても，その起こりやいわれなどほとんど知らずに参加していることが多い。この単元を通して，それらの歴史的背景や現在に至るまでの経緯について調べ，県内の伝統や文化について理解させることが重要である。

　また，文化財や年中行事には保存や継承に取り組んでいる地域の人々の努力があり，そこには地域の生産活動やまちの発展，人々のまとまりなどの願いが込められていることを理解することを通して，地域の一員である自覚をもち，自分たちにできることを考えさせるようにしたい。

　例えば，「誰が何のために始め，なぜ今も守っているのか」を問い，文化財や年中行事が始まったいわれを調べ，それらが長い時代の中で地域の人々によって大事に守られ，受け継がれてきた理由を追究させていく。

(イ) 地域の発展に尽くした先人は，様々な苦心や努力により当時の生活の向上に貢献したことを理解すること。

　開発，教育，医療，文化，産業などの分野において地域の発展に尽くした

先人について，それらの先人は様々な苦心や努力を重ねて業績を成し遂げたことや，その苦心や努力が地域の人々の生活の向上に大きく影響を及ぼしたことなどを基にして，先人の業績を理解させることが重要である。

　例えば，「先人の活躍によって，地域の人々の暮らしはどのように変わったのか」を問い，先人が活躍した当時の社会の様子と，先人が完成させた後の社会の様子を資料等で比較して，先人の活躍で地域の人々の生活がどのように向上し発展したのか理解させるようにする。

(ウ) 見学・調査したり地図などの資料で調べたりして，年表などにまとめること。

　ここでは，県内の伝統や文化，先人の働きについて，博物館や資料館などを見学したり，昔と現在の市の地図や写真などの資料で調べたりして，年表などにまとめさせたい。

　ここで身に付けさせたい技能は，「自分にとって必要な情報を集める」「地図や写真などの資料を結び付けながら情報を読み取る」「調べたことを時間の経過に沿って年表などに整理する」等の技能である。年表に書き表す際には，時代には江戸時代，明治時代といった名前が付いていることも意識し，今後の歴史の学習につなげるようにする。

イ　思考力，判断力，表現力等の育成

(ア) 歴史的背景や現在に至る経過，保存や継承のための取組などに着目して，県内の文化財や年中行事の様子を捉え，人々の願いや努力を考え，表現すること。

　県内の文化財や年中行事について，例えば，「いつ頃，どのような理由で始まったか」「どのような経過で現在に至っているか」「人々は保存や継承のためにどのような取組をしているか」等の問いを設けて調べたり，それらを人々の願いや努力と関連付けて考えたりして，調べたことや考えたことを表現させることが重要である。

2章　「第2　各学年の目標及び内容」のポイントと解説 ● 57

文化財がつくられたり，始められたりした時期や保存されてきた理由，年中行事の起こりや成り立ちなどについて調べることで，歴史的背景が見えてくる。現在に至るまでの長い時間の中で，多くの人々に大事に受け継がれてきた経過について調べる際には，文化財や年中行事を大切に保存したり受け継いだりしている地域の人々と触れ合い，直接聞き取ったり，活動を体験させてもらったりすることで，具体的に人々の工夫や努力を捉えさせるようにしたい。

　人々の願いや努力を考え，表現するためには，保存したり受け継いだりしている人々の工夫や努力と地域の人々の願いを関連付け，文化財や年中行事を受け継ぎ保存していることの意味を考えさせるようにしたい。それらを文章で記述したり，年表などにまとめたことを基に根拠を明らかにしながら説明したりすることが重要である。

　例えば，「地域の人々は，長い時間の中で，文化財や年中行事をどのようにして受け継いできたのか」を問う。地域の人々は，今後も文化財や年中行事を大事にして受け継いでいきたいという願いをもっている。これは過去の地域の人々の願いと同じである。だからこそ，今もなお地域に文化財や年中行事は残っているのだということに気付かせたい。

(イ) 当時の世の中の課題や人々の願いなどに着目して，地域の発展に尽くした先人の具体的事例を捉え，先人の働きを考え，表現すること。

　先人が活躍した時代には，どのような社会の課題があったのか，そのような社会に暮らす人々にはどのような願いがあったのかなどについて調べる。そうすることで，先人の働きが必要とされた背景について理解でき，先人の働きと地域の発展や人々の生活の向上を関連付けて考えることができる。

　先人の働きを考え，表現するとは，例えば，先人の働きと地域の発展や人々の生活の向上を関連付けて，先人が当時の地域や人々の生活の向上に貢献したことを考え，文章で記述したり，年表などにまとめたことを基に話し合ったりすることである。

●単元の学習問題と追究する際の問いの例

[県内の伝統や文化]
○単元の学習問題の例
・年中行事（文化財）はどのような人々の取組によって守り受け継がれてきたのだろう　など

○追究する際の問いの例
【歴史的背景】
・いつ頃どのような理由で始まったか（年中行事）
・いつ頃どのような背景で作られたか（文化財）

【現在に至る経過】
・どのような経過で現在に至っているか
・現在に至るまでの間にどのようなことがあったか

【保存や継承のための取組】
・人々は保存や継承のためにどのような取組をしているか
・なぜ大切に保存されたり継承されたりしているのか

【社会への関わり方の選択・判断】
・地域の伝統や文化の保存や継承に関わって，自分たちに協力できることは何か　など

[先人の働き]
○単元の学習問題の例
・○○たち（先人）の働きは地域の人々の生活にどのような影響を与えたのだろうか　など

○追究する際の問いの例
【当時の世の中の課題】
・当時の人々の生活や世の中にはどのような課題があったか
・なぜ○○（先人）の努力が必要だったか

【人々の願い】
・人々はどのような願いをもっていたか
・人々の願いに応えるために，○○たち（先人）はどのような苦心を重ね，成し遂げたのか　など

（栗栖ゆみ子）

2章　「第2　各学年の目標及び内容」のポイントと解説 ● 59

第4学年

5 県内の特色ある地域の様子

ア　知識及び技能の習得

(ｱ) 県内の特色ある地域では，人々が協力し，特色あるまちづくりや観光などの産業の発展に努めていることを理解すること。

　ここでは，県内の特色ある地域について理解できるようにする。その際，県内には地場産業が盛んな地域や国際交流に取り組んでいる地域，自然環境や伝統的な文化を保護・活用している地域があること，それらの地域では特色あるまちづくりを進めたり，様々な組織や機関，人々の協力により観光などの産業を発展させたりしていることなどを基に理解できるようにする。

　学習指導要領の「内容の取扱い」では，「県内の特色ある地域」について，「伝統的な技術を生かした地場産業が盛んな地域，国際交流に取り組んでいる地域及び地域の資源を保護・活用している地域を取り上げること」とされている。

　「伝統的な技術を生かした地場産業が盛んな地域」については，県内で古くから伝わる技術や技法を受け継いで行われている伝統的な工業などの産業や，地域の特性を生かして独自の製品をつくっている産業など，地域に密着した産業の盛んな地域を取り上げることが考えられる。具体的には，陶磁器，塗り物，織物，和紙，人形，筆などがあり，今でも優れた技術が継承されているものが多い。

　「国際交流に取り組んでいる地域」については，姉妹都市提携を結び外国の都市と様々な交流を行っている地域や，国際都市を目指して市内で交流活動を盛んに行っている地域などを取り上げることが考えられる。

　「地域の資源を保護・活用している地域」については，人々に様々な恵み

60

をもたらしている自然の風景や歴史的景観，文化財や年中行事，その土地の特性を生かした産物などを地域の資源として保護・活用し，地域の発展に努めている地域を取り上げることが考えられる。具体的には，渓谷や森林，高原や湿原，河川や海辺などの豊かな自然を守りながら，あるいは，歴史ある建造物やまち並み，祭りなどの地域の伝統的な文化を受け継ぎながら，それを保護・活用している地域などが考えられる。

　なお，ここでは，選択する県内の地域として，伝統的な技術を生かした地場産業が盛んな地域，国際交流に取り組んでいる地域，及び地域の資源を保護・活用している地域の中から取り上げることが示されている（その際，地域の資源を保護・活用している地域としては，自然環境あるいは伝統的な文化を保護・活用している地域が考えられ，そのいずれかを選択して取り上げる）。また，伝統的な文化を保護・活用している地域の事例を取り上げる際には，内容(4)の「県内の伝統や文化」の学習において取り上げる事例との重複がないように配慮する必要がある。

(イ) 地図帳や各種の資料で調べ，白地図などにまとめること。

　ここでは，地図帳を用いたりコンピュータなどを使ったりして，必要な情報を集める技能，地図や写真などの資料を見比べながら地域ごとの情報を読み取る技能，調べたことを白地図などにまとめる技能などを身に付けることができるようにする。

　例えば，地場産業や国際交流の取組，自然環境や伝統的な文化をもつ地域の様子などについて，地図帳やインターネットで調べたり，地域の市役所に問い合わせたりして調べ，白地図やカードなどに絵や写真，実物などを使って，その地域の特色としてまとめたりできるようにすることなどが考えられる。

イ　思考力，判断力，表現力等の育成

(ア) 特色ある地域の位置や自然環境，人々の活動や産業の歴史的背景，人々の協力関係などに着目して，地域の様子を捉え，それらの特色を考え，表現すること。

　社会的事象の見方・考え方を働かせて，特色ある地域の位置や自然環境，人々の活動や産業の歴史的背景，人々の協力関係などについて問いを設けて調べたり，その地域の特色を考えたりして，調べたことや考えたことを表現する。

　「特色ある地域の位置」に着目するとは，地場産業が盛んな地域や国際交流に取り組んでいる地域，自然環境や伝統的な文化を保護・活用している地域など特色のある地域の位置や県内における位置関係を調べることである。

　「自然環境」に着目するとは，その地域における地形や気候などから見た自然環境の特色を調べることである。

　「人々の活動や産業の歴史的背景」に着目するとは，特色ある地域における人々の活動や産業の起こりや成り立ちを調べることである。

　「人々の協力関係」に着目するとは，県や市，地域住民，産業に携わる人など，立場の異なる人々のそれぞれの活動や相互の協力関係を調べることである。このほかにも，伝統的な文化を保護・活用している地域で，それらの伝統的な文化が継承されてきた様子などを調べることなどが考えられる。このようにして調べたことを手掛かりにして，「地域の様子」を捉えることができるようにする。

　「それらの特色を考え，表現する」とは，特色ある地域の人々の活動や産業を特色あるまちづくりや地域の発展と関連付けたり，自分たちの住む地域と比較したりして，それらの地域の特色を考え，文で記述したり白地図や年表，カードなどにまとめて説明したりして，表現することが考えられる。

●単元の学習問題と追究する際の問いの例

○単元の学習問題の例

・○○市の人々は，地域の伝統的な文化（自然環境）をどのように生かして，まちを発展させようとしているのだろう

・○○市の伝統的な産業は，どのように技術が受け継がれ，これからの発展を目指しているのだろう

・○○市では，国際的なまちを目指してどのような取組を進めているのだろう

など

○追究する際の問いの例

【特色ある地域の位置】

・どこにどのような特色のある地域があるか

【自然環境】

・その地域はどのような自然環境のところか

（地場産業が盛んな地域，自然環境を保護・活用している地域）

【人々の活動や産業の歴史的背景】

・その活動や産業はどのような経緯で始まったか

（地場産業が盛んな地域，国際交流に取り組んでいる地域，伝統的な文化を保護・活用している地域）

【人々の協力関係】

・人々はどのように協力しているか

・どんな立場の人々がどのように連携して取り組んでいるか

など

（小倉　勝登）

第5学年

目標

1 – 知識及び技能の習得

　第5学年は，主に国土の地理的環境，産業の現状，社会の情報化と産業の関わりについて理解することが目標である。その際，国民生活との関連を踏まえて，それぞれの事象について理解を深めるようにすることが特に重要である。第4学年までは身近な地域や県を中心とした学習であったが，第5学年になると急に日本全土に学習の舞台が広がる。このため，子供は国土や我が国の産業などを自分の身近なこととして捉え，切実感をもって考えることが難しくなると指摘されている。そこで，子供ができる限り社会的事象を自分たちの生活に引き寄せて捉えられるようにすることが大切である。

　主なポイントとして，国土の地理的環境では，我が国の国土の位置や領土の範囲などについて地図帳や地球儀を活用しながら具体的に学ぶようにしたい。その際，我が国固有の領土の範囲について，基礎的な知識として確実な習得を図るとともに，竹島や北方領土の領土問題を取り上げ，発達段階に応じた指導を行うことが肝要である。また，我が国の自然災害の発生や森林資源などは国土の自然環境と深く関わっていることから，国土の地理的環境の特色について理解を深めるための学習内容として位置付けるようにする。

　また，我が国の産業の現状では，これまでの「産業」の捉え方を大きく広げ，輸送や販売なども含めたものとして取り上げることとした。とりわけ運輸については，全ての学習内容に深く関わっていることに留意したい。また，「現状」とはあるものの，過去から現在に至るまでの変化や将来に向けた取組などを踏まえて「産業の現状」についての理解を深めるようにしたい。例

えば「食料生産」では「生産量の変化」「技術の向上」などに着目したり，「工業生産」では「需要や社会の変化」などについて理解したりするなど，産業の変化の様子について丁寧に扱うことがポイントになる。

2 - 思考力，判断力，表現力等の育成

産業の現状では，第一次・第二次・第三次産業をそれぞれ取り上げ，我が国の産業の全体像を理解する構成となる。しかし，我が国の産業の様子は日々変化している。そのため，授業では，これまでの産業の変化の様子を知り，消費者や生産者などの立場から，産業の発展について多角的に考えさせたい。そして，子供一人一人が豊かな言語活動を通して，将来の産業の姿について自分の考えをまとめられるようにすることがポイントになる。

また，国土の地理的環境においても，国土の環境保全などについて自分たちにできることを考えたり，選択・判断したりする力を育てるため，友達同士で議論をしたり説明したりする学習活動を積極的に取り入れることが重要である。その際，例えば「食料自給率」のグラフなど，一面的な資料のみを提示したり，拙速な結論や行動を求めたりしないよう留意したい。

3 - 学びに向かう力，人間性等の涵養

第5学年では，国土に対する「愛情」や国民としての「自覚」を養うことが目標となる。これらは，「好きになりなさい」などと一方的に指示したり指導したりして養われるものではない。あくまで「多角的な思考や理解」を通して涵養されるものである。子供が，社会に見られる課題を協働的に解決していく学習に取り組むことにより，その過程において，国土の環境保全や我が国の産業の発展を願い，自分もこの社会をつくる国民の一人であるという自覚や意識が自然と高まってくるものである。

そのためには，子供の学習ノートやワークシートなどを丁寧に分析して，分かったことや考えたことの記述の中に表出された「愛情」や「自覚」の育ちを確認し，支援していくことが必要である。　　　　　　　　　（児玉　大祐）

第5学年

1 我が国の国土の様子と国民生活

ア　知識及び技能の習得

(ア) 世界における我が国の国土の位置，国土の構成，領土の範囲などを大まかに理解すること。

　今まで我が国の国土に関する内容は「(1)我が国の国土の自然などの様子」にまとめて示されていたが，今回の改訂では「(2)我が国の国土の様子と国民生活」と「(5)我が国の国土の自然環境と国民生活との関連」に分けて示された。

　我が国の国土の様子では，内容に国土の構成や領土の範囲が明記され，より一層国土の様子や特色を確かに理解することが求められている。

　ここでは，世界の中の日本の位置や諸外国との位置関係，国土を構成する主な島の名称と位置，6,800以上の島を含む我が国の領土の範囲などを基に，海洋に囲まれた島国である日本の国土の特色を理解できるようにしたい。

　なお，領土の範囲を指導する際には，内容の取扱いにおいて示された以下の点に留意する必要がある。

・竹島，北方領土，尖閣諸島は一度も他の国の領土になったことがない領土という意味で我が国の固有の領土であることなどに触れて説明することが大切であること。

・竹島や北方領土の問題については，現在大韓民国やロシア連邦に不法に占拠されていることや，竹島については大韓民国に対し繰り返し抗議を行っていること，北方領土についてはロシア連邦にその返還を求めていることなどに触れるようにすること。

・尖閣諸島については，我が国が現に有効に支配する固有の領土であり，領

66

土問題は存在しないことに触れるようにすること。

・これら我が国の立場は，歴史的にも国際法上も正当であることを踏まえて指導するようにすること。

(イ) 我が国の国土の地形や気候の概要を理解するとともに，人々は自然環境に適応して生活していることを理解すること。

　ここでの理解事項は二つであり，これまでの内容と変わらない。一つは，国土の地形や気候の概要の理解であり，もう一つは，自然条件から見て特色ある地域の人々の生活の様子を通して国土に暮らす人々は自然環境に適応して生活していることの理解である。

　自然条件から見て特色ある地域の人々の生活については，山地や低地などの特色ある地形条件の地域と，温暖多雨や寒冷多雪など特色ある気候条件の地域の中からそれぞれ一つずつ取り上げて，自然環境に適応しながら工夫して生活したり，自然条件を生かしながら産業を営んだりしていることを学習する。

(ウ) 地図帳や地球儀，各種の資料で調べ，まとめること。

　ここでは，国土の様子を調べることを通して，地図帳や地球儀，衛星写真，写真や映像，統計，立体模型などの資料から情報を読み取る技能を獲得させる。特に，地図帳や地球儀を用いて位置関係や範囲などを読み取る技能を身に付けることが大切である。例えば，地球儀を用いて２点間の方位や距離を確かめたり，緯度や経度を使って位置を説明したりするなど具体的な活動を通して丁寧に指導する必要がある。

　また，自然条件に特色ある地域の人々の生活を取り上げる際には，例えば，事例地の市役所のホームページを検索したり，観光パンフレットを集めたりなど資料を主体的に収集して追究する活動を設定することも考えられる。

イ　思考力，判断力，表現力等の育成

(ア) 世界の大陸と主な海洋，主な国の位置，海洋に囲まれ多数の島からなる
　　国土の構成などに着目して，我が国の国土の様子を捉え，その特色を考え，
　　表現すること。

　　ここでは，世界の中の日本の位置，国土の主な島や周囲の海洋，6,800を
超える大小の島々からなる国土の構成などを調べ，「我が国は北半球にあり，
ユーラシア大陸の東方に位置していることや，大韓民国，中華人民共和国，
ロシア連邦と隣り合っていること，太平洋や日本海，オホーツク海などに囲
まれ，大小の島々が弧状に連なって構成されていること」などの国土の特色
について地図帳や地球儀で説明できるようにしたい。

(イ) 地形や気候などに着目して，国土の自然などの様子や自然条件から見て
　　特色ある地域の人々の生活を捉え，国土の自然環境の特色やそれらと国民
　　生活との関連を考え，表現すること。

　　ここでは，地形や気候に着目して調べることで，国土の自然環境について，
主な山地や山脈，平野，川や湖，主な島や半島などの地形の概要や特色，地
域や時期によって気温や降水量が変わるなどの気候の違いや変化について捉
えることができる。

　　自然条件から見て特色ある地域については，地形や気候に着目して人々の
生活や産業を調べることで，また，異なる事例地について調べたことを表な
どに整理して比較したり分類したりすることで，自然条件から見て特色ある
地域の人々の生活を捉えることができる。

　　このような国土の様子の学習は，第5学年の産業や国土の学習のみならず，
第6学年の歴史や政治の学習，グローバル化する世界と日本の役割の学習の
基礎となるものであり，今まで以上に丁寧に扱いたい。

●単元の学習問題と追究する際の問いの例

[世界の中の日本]
○**単元の学習問題の例**
- ・日本の国土にはどのような特色があるのだろう
- ・世界から見て日本はどのような国土なのだろう　など

○**追究する際の問いの例**
【世界の大陸と主な海洋】
- ・世界にはどんな大陸と海洋があるか
- ・我が国は世界のどこに位置しているか

【主な国の位置】
- ・世界の主な国はどこに位置しているか
- ・それらの国と我が国はどのような位置関係か

【海洋に囲まれ多数の島からなる国土の構成】
- ・我が国の国土はどのような島々から成り立っているか
- ・島々はどのように連なっているか
- ・我が国の領土はどの範囲か　など

[地形や気候の概要と特色ある地域の生活]
○**単元の学習問題の例**
- ・日本の地形や気候にはどのような特色があるのだろう
- ・人々は自然条件（地形，気候）の特色にどのように適応して暮らしているのだろう　など

○**追究する際の問いの例**
【地形や気候】
- ・日本には地形（気候）から見て特色ある地域がどこにあるか
- ・その地域は地形（気候）にどのような特色があるか
- ・人々は地形条件（気候条件）をどのように生かしているか　など

（石井　正広）

第5学年

2 我が国の農業や水産業における食料生産

ア　知識及び技能の習得

(ア) 我が国の食料生産は，自然条件を生かして営まれていることや，国民の食料を確保する重要な役割を果たしていることを理解すること。

　(ア)は，我が国の食料生産の概要に関する内容である。イメージとしては(イ)の内容につなぐためのガイダンス的な役割を果たす。そのため，多種多様な農産物や水産物，畜産物が対象になる。全ての作物を扱うことは難しいので，日常的に食べられているもの，消費量が多いものなどに的を絞ることが大切になってくる。食料自給率の問題などもここで扱うことになる。

　日本のどこでどのようなものが収穫されているのかを白地図等に位置付けて全体的な傾向を理解するとともに，土地の広がりなどが分かる地図や気温と降水量のグラフなどと関連付けて考えることによって，なぜその地域でその作物の生産量が多いのか考えるようにすることが大切である。それにより，我が国の食料生産は，自然条件を生かして営まれていることや，国民の食料を確保する重要な役割を果たしていることが理解できるようになる。

　また，食料自給率などを扱う場合は，作物等の生産量の変化や輸入量の変化などとも関連付けて考え，社会に見られる問題を子供がしっかりとつかめるようにしたい。ここで，子供が問題だと考えたことを，(イ)の単元において学習問題として設定し，単元を通して解決していく展開も考えられる。

(イ) 食料生産に関わる人々は，生産性や品質を高めるよう努力したり輸送方法や販売方法を工夫したりして，良質な食料を消費地に届けるなど，食料生産を支えていることを理解すること。

(イ)は，食料生産に関わる人々の工夫や努力に関する内容である。留意したいのは，取り上げる事例として，国民の主食を確保する上で重要な役割を果たしている稲作については必ず取り上げるということである。また，野菜，果物，畜産物，水産物などについては，それらの中から一つを選択して取り上げるようにする。内容の(ア)が食料生産の概要であるのに対して，(イ)の内容は具体的事例を通して学ぶことを特色とする。地域に見学可能な事例がある場合は活用してよいが，例えば稲作の場合，単なる農家の仕事の見学では，日本の農業としての様々な工夫が見え難く，第3学年の学習と同じようになってしまうため，教科書等を併用して，日本の産業としての農業の様子を子供たちがつかめるようにすることが大切である。

　今回の改訂では，何に着目するのかということがはっきりと規定されている。この単元においては，生産の工程，人々の協力関係，技術の向上，輸送，価格や費用などに着目することとなっている。その一つ一つに工夫や努力がたくさん詰まっている。教材研究を行う段階からこのことに留意し，子供たちがその工夫や努力に気付けるよう配慮したい。

　また，この単元を学習していると，農業人口の減少や生産量の減少，農地の減少と宅地の増加，就業者の高齢化等，様々な課題が浮き彫りになってくる。放っておくと産業そのものが衰退していく重要な問題である。このような問題を社会に見られる問題として扱い，産業の発展のためにどうすればよいかを単元を通して考えていくことが大切である。

(ウ) 地図帳や地球儀，各種の資料で調べ，まとめること。

　本単元では，各種統計を読み取ることが非常に多いので。ぜひグラフを読み取る力を育てておきたい。グラフを読むということは，単に傾向性を読み取ることだけでなく，その傾向性のもつ意味を考えることである。例えば，農業人口の減少といったグラフと農業人口に占める高齢者の割合のグラフをつないで考えると，ただでさえ農業人口が減ってきているのに，若い働き手もいないという現状から，相当深刻な状況が生まれているということをつか

2章　「第2　各学年の目標及び内容」のポイントと解説 ● 71

めるようにしたい。

　また，食料生産物の分布など，白地図にまとめる活動も多く取り入れ，調べたことを地図等に位置付ける活動を通して，我が国の食料生産への理解が深められるようにしたい。

イ　思考力，判断力，表現力等の育成

(ｱ)　生産物の種類や分布，生産量の変化，輸入など外国との関わりなどに着目して，食料生産の概要を捉え，食料生産が国民生活に果たす役割を考え，表現すること。

　先にも述べたが，この単元では，日本の食料生産の概要をつかむことが大切である。具体的には，どこでどのようなものが生産され，私たちの生活を支えているのか頭に描くことができるようにしたい。

　例えば，私たちの食生活を支えている米や野菜，果物，肉，魚などの中から主なものを選び，生産量が多いところを白地図に位置付けていく。すると，自分たちが食べている食料は，日本全国で生産されていることに気付く。また，どうしてその都道府県で生産が多いのか，前単元で学んだ日本の地形や気候の特色と関連付けて考えていく。例えば，ナスであれば高知県，ジャガイモであれば北海道での栽培が多くなっている。これは，土地の条件とともに気候との関係もあり，自然条件と大きく関係しているといえる。

　子供たちには，できるだけその理由を考えさせるようにし，大まかな傾向をつかんでいけるようにする。ただし，自然条件だけではなかなか関連付かない作物もあり，調べる作物の選定が大切になってくる。

(ｲ)　生産の工程，人々の協力関係，技術の向上，輸送，価格や費用などに着目して，食料生産に関わる人々の工夫や努力を捉え，その働きを考え，表現すること。

　この単元は，作物の生産を生産の工程，人々の協力関係，技術の向上，輸送，価格や費用等に着目して，具体的に調べていくことを通して食料生産に

関わる人々の工夫や努力を捉えるようにすることが大切である。また，より
よい社会をつくる子供を育てるという意味で，子供たちなりに農業や水産業
の発展を考えられるようにしたい。

　例えば，米づくりを調べていると，農地の小規模化や収入の減少，生産量
の減少など，農業をめぐる様々な問題が見えてくる。単元の最初にこのよう
な課題に直面した子供たちは，それを何とか克服しようと，単元を通して産
業の発展について考えようとする気持ちをもつようになり，学習に入ってい
く。米づくりについて基本的なことを学んだ上で，現在のこのような現状を
打開するために，各地で様々な取組が行われていることについて調べていく。
例えば，耕作されていない土地を借りて，個人で農地を大規模化して取り組
んでいる事例，農業法人をつくって，分かれた農地を上手に活用して収益性
の高いものを計画的に栽培している事例，生産したものを加工し，自分たち
で販売する6次産業化に取り組んでいる事例等，子供たちは，その取組を分
担して調べていき，交流することを通して，これからどのような方法で取り
組んでいけばよいのかを選択・判断していく。これからの学習は，単に米づ
くりを学ぶというだけでなく，未来に向けた持続可能な農業の在り方を子供
たちなりに模索していくことが重要になってくる。社会科では，このような
社会に参画する資質や能力の基礎を培っていきたい。

●単元の学習問題と追究する際の問いの例

[農業（水産業）に関わる人々の工夫や努力]
○単元の学習問題の例
　・稲作（水産業）の盛んな地域では，どのような工夫や努力をしておいしいお米（魚）を
　　わたしたちのもとに届けているのだろう　など

○追究する際の問いの例
　【生産の工程】　　　　　　　　　　【人々の協力関係】
　・どのように生産されているか　　　・人々はどのように協力して生産しているか
　【技術の向上】
　・食料生産の技術はどのように向上してきたか
　【輸送】　　　　　　　　　　　　　【価格や費用】
　・食料はどのように運ばれるか　　　・食料の価格はどのように決まるか　など

（大嶋　和彦）

第5学年

3 我が国の工業生産

ア　知識及び技能の習得

(ア)　我が国では様々な工業生産が行われていることや，国土には工業の盛んな地域が広がっていること及び工業製品は国民生活の向上に重要な役割を果たしていることを理解すること。

　　ここでは，我が国の工業生産や工業地域を概観することが大切である。我が国の工業生産の広がりについて，様々な工業製品が日本各地で生産されていること，我が国の国土には工業の盛んな地域が各地に広がっていることやその特徴，工業製品は生活の中で使われているだけではなく農林水産業や工業の中でも使われていることを理解させ，我が国における工業生産の役割を理解させることが必要である。また，我が国の工業製品の変化について，工業製品の改良と国民生活の向上を結び付けて学習し，身近な工業製品がどのようにして発達してきたのか，その発達がどのように国民生活の質の向上に寄与しているのか理解する学習が考えられる。

(イ)　工業生産に関わる人々は，消費者の需要や社会の変化に対応し，優れた製品を生産するよう様々な工夫や努力をして，工業生産を支えていることを理解すること。

　　ここでは，工業生産に関わる人々の工夫や努力について，工場で働く人々は効率よく製品を生産するために様々な工夫や努力をしながら正確に製品をつくっていること，我が国の工業生産は国民生活の向上に応える技術開発，研究開発などの努力をしていることを理解できるようにすることが必要である。

(ウ) 貿易や運輸は，原材料の確保や製品の販売などにおいて，工業生産を支える重要な役割を果たしていることを理解すること。

　ここでは，工業生産に関わる貿易や運輸などについて，我が国の原材料や工業製品の輸出入の特色，工業製品は鉄道，自動車，船舶，航空機などの国内，国外の交通網を使って輸送されていることを理解できるようにする。

(エ) 地図帳や地球儀，各種の資料で調べ，まとめること。

　我が国の工業生産について，地図帳や地球儀で調べる際には，例えば，地域の特産物を生かしたり，伝統を受け継いでいたりする工業製品を具体的に調べるような学習が考えられれる。

　工業の盛んな地域の位置や分布について調べる際には，日本の工業生産の特色を捉えられるように，各種資料や，グラフの読み取りについてもしっかりとできるように指導したい。

　工業製品の改良について調べる際には，工業製品の移り変わりを年表等にまとめたり，人々の生活と関連付けてまとめたりする学習が考えられる。その際，それぞれの工業製品の変遷を学習することで終わるのではなく，我が国の国民生活の向上の変化に着目して調べることが大切である。

　工場の製造の過程や，関連工場の連携，工業生産に関わる人々の工夫や努力について調べる際には，見学を取り入れたり，インターネットや，各種の資料，視聴覚資料などを調べたりして，必要な情報をまとめることや，調べた情報を基に，関連工場の協力の様子を図解して表すことが考えられる。

イ　思考力，判断力，表現力等の育成
(ア) 工業の種類，工業の盛んな地域の分布，工業製品の改良などに着目して，工業生産の概要を捉え，工業生産が国民生活に果たす役割を考え，表現すること。

　「工業製品の改良などに着目して」とは，例えば，身近な工業製品の発達について，どのように普及し改良されてきたのか，それらの発達がどのよう

に生活を便利にしてきたのかを「時間の変化」に着目して調べたり，その地域で盛んなわけに問いをもちながら「自然条件や社会的な条件」に着目して調べたりすることなどが考えられる。

このような学習を通して，身の回りの工業製品について分類したり，時系列で整理したりしながら，工業生産や工業製品と自分たちの生活について関連付けて考え，文で記述したり，説明したりして表現する。

(イ) 製造の工程，工場相互の協力関係，優れた技術などに着目して，工業生産に関わる人々の工夫や努力を捉え，その働きを考え，表現すること。

「工場相互の協力関係」に着目するとは，例えば，工場に部品を保管するスペースがないことや，決められた時間に決められた分だけ部品を納入する部品工場の営みに問いをもち，関連工場の計画的，効率的な部品生産の工夫や努力，組み立て工場と部品工場の連携を調べることである。

「優れた技術」に着目するとは，例えば，工場で働く人や作業用ロボットなどの高い技術やそれらの連携の様子，消費者の個別のニーズに合わせたきめ細やかな生産方法，安全や環境への配慮など消費者や社会の多様な需要に応える努力や研究開発を調べることである。

このような学習を通して，消費者の需要や社会の変化と生産者の側の工夫や努力を関連付けて考え，文で記述したり，話し合ったりして，表現する。

(ウ) 交通網の広がり，外国との関わりなどに着目して，貿易や運輸の様子を捉え，それらの役割を考え，表現すること。

「交通網の広がり」に着目するとは，様々な交通網を使いながら製品は消費者のもとに届けられていること，高速道路網や鉄道網，航路などの交通網の広がりとおおよその輸送経路，製品の輸送の際の細やかな工夫や努力を調べることである。

「外国との関わり」に着目することについては，我が国と外国とを結ぶ海運などの様子や我が国の輸出入の特色を調べることのみならず，近年増えて

いる海外生産に着目して調べることも考えられる。

　このような学習を通して，工業製品はそれぞれの輸送手段の長所を生かして輸送されていること，我が国の工業生産は原材料を輸入して製品を輸出することで成り立っていることなど，工業生産と貿易や運輸の働きについて関連付けて考え，文で記述したり，話し合ったり，説明したりして，表現する。

●単元の学習問題と追究する際の問いの例

[我が国の工業生産の概要]
○単元の学習問題の例
　・工業生産は国民の生活にどのような役割を果たしているのだろう
　・日本の工業生産にはどのような特色があり，国民生活とどのような関わりがあるのだろう　など

○追究する際の問いの例
　【工業の種類】
　・日本はどのような工業が盛んか
　【工業の盛んな地域の分布】
　・工業の盛んな地域はどのように広がっているか
　【工業製品の改良】
　・工業製品はどのように改良されてきたか　など

[工業生産を支える貿易や運輸]
○単元の学習問題の例
　・我が国の貿易やそれを支える運輸にはどのような特色があるのだろう
　・貿易や運輸は工業生産をどのように支えているのだろう　など

○追究する際の問いの例
　【交通網の広がり】
　・原材料や工業製品はどのような輸送手段や輸送経路で運ばれるか
　・運輸業や倉庫などの物流に関わる人々はどのような工夫や努力をしているか
　・港湾や空港などはどのような役割を果たしているか
　【外国との関わり】
　・我が国の工業は外国とどのような関わりがあるか
　・我が国は輸出入を通してどのような国々と関わりがあるか　など

（佐野　浩志）

第5学年

4 我が国の産業と情報との関わり

ア　知識及び技能の習得

(ア) 放送，新聞などの産業は，国民生活に大きな影響を及ぼしていることを理解すること。

　情報化に伴う産業や生活の変化を視野に入れて，これまで「放送，新聞などの産業と国民生活とのかかわり」として示されていた内容が「放送，新聞などの産業は，国民生活に大きな影響を及ぼしていること」に改められた。このことから，我が国の産業の一つとして放送，新聞を取り上げ，これらの産業が国民生活に与える影響の大きさについての理解をより深めることが重要である。

　例えば，新聞は「情報」という商品を販売して利益を得ている産業であること，社会の出来事などの事実を基に読者が購入したい商品としての「情報」を編集し，発信していることなどを捉えさせたい。そのために，取材や編集の作業工程だけにとどまらず，紙媒体やインターネットによる電子媒体での情報の発信や，それらの販売なども一体化して追究することで，新聞などの産業の様子をより適切に捉えられる。また，その産業が自分たちの生活に大きな影響を及ぼしていることを理解することも可能となる。

(イ) 大量の情報や情報通信技術の活用は，様々な産業を発展させ，国民生活を向上させていることを理解すること。

　情報通信技術（ICT）の急激な発展により，瞬時に多様で大量な情報を収集したり発信したりすることができるようになった。このことにより，我が国の産業が大きく変化し，それに伴い国民の生活の利便性も向上している。

特に，「販売，運輸，観光，医療，福祉」などに関わる産業は，リアルタイムで販売情報や交通，気象情報を集め，効率的な輸送や販売，営業に生かしている。一方で，国民はインターネットを使って，いつでもどこでも携帯端末で多様な情報を集めたり買い物をしたりしている。

　このような高度に情報化した社会の様子を子供に見せるための教材を新たに開発するときに，我が国全体の現状を象徴している事例を扱うだけではなく，まだ発展途上の技術やサービスであったり，特定の地域で試行的に運用していたりしている事例についても積極的に取り上げ，教材化していくことが，刻々と変容する情報社会においては極めて重要である。

(ウ) 聞き取り調査をしたり映像や新聞などの各種資料で調べたりして，まとめること。

　高度に情報化された社会は，子供が具体的な調査をすることが難しい。しかし，可能な限り放送や新聞の仕事に従事している人や，情報を生かした仕事に従事している人から聞き取り調査をできるようにしたい。

　また，集めた情報を図にまとめたりすることで，漠然としている情報化社会の様子を子供が明確にイメージできるようにする。とりわけ，授業の課題追究の場面では，子供が調べた情報の出典を確認させたり，複数の情報を比較させたりする学習活動を確実に位置付けたい。

イ　思考力，判断力，表現力等の育成
(ア) 情報を集め発信するまでの工夫や努力などに着目して，放送，新聞などの産業の様子を捉え，それらの産業が国民生活に果たす役割を考え，表現すること。

　放送局や新聞社は，社会の出来事をより正確に，より早く，より分かりやすく国民へ伝えるために，様々な取組をしている。この工夫や努力に着目して調べていくことが大切である。

　実際の授業では，放送局や新聞社がインターネットを活用して情報を発信

しているなど，情報を国民に伝える手段が多様化してきていることを取り上げ，それぞれの媒体の特徴を捉える必要がある。また，情報を受け取る国民も必要な情報の種類によって新聞やテレビ，インターネットなど様々な情報媒体を使い分けていることにも触れる必要がある。

ただ，事実は同じでも，発信される情報によっては受け止め方や印象が大きく異なることがあったり，インターネット上の情報は根拠が曖昧なものがあったりすることなどについても具体的な事例から学べるようにする。

これらの学習を通して，放送や新聞などの産業が国民生活に果たす役割について時間をかけてじっくり考えさせたい。

(イ) 情報の種類，情報の活用の仕方などに着目して，産業における情報活用の現状を捉え，情報を生かして発展する産業が国民生活に果たす役割を考え，表現すること。

現在，電化製品や自動車など身近なあらゆるものがインターネットなどとつながり，様々な情報を送受信している。また，電子マネーやポイントカードなどで交通機関を利用したり買い物をしたりするたびに情報が集められている。これらの大量な情報を活用して販売や運輸，観光などの産業を発展させている現状を子供に捉えさせたい。また，大量で多様な情報を活用して産業が発展することにより，いわゆるネット通販やカーナビゲーションなどの様々なサービスを享受でき，国民生活が飛躍的に便利になっている現状を，様々な統計資料から具体的に調べることが重要である。

さらに，高度な情報通信技術によって遠隔地と映像によって会議ができたり，瞬時に情報を共有できたりすることで，とりわけ医療や福祉などに関わる産業も大きく変容し，利便性が向上している。

産業と国民の両面からこれらの情報社会の様子を捉え，「情報を生かして発展する産業が国民生活に果たす役割」について考える学習を展開したい。

●単元の学習問題と追究する際の問いの例

[放送や新聞などの産業]
○単元の学習問題の例
  ・放送局（新聞社）で働く人々は，どのようにして情報を送り出し，私た
    ちはそれらの情報をどのように活用しているのだろう　など
○追究する際の問いの例
  【情報を集め発信するまでの工夫や努力】
  ・情報をどのように集めているか
  ・情報をどのように選択・加工・整理して国民に伝えているか
  ・国民はそれらの情報をどのように生かしているか

  【社会への関わり方の選択・判断】
  ・マスメディアから送られる情報を私たちはどのように受けて判断し，生
    かしていけばよいのだろう　など

[情報化による産業の発展]
○単元の学習問題の例
  ・情報や情報通信機器を活用することで〇〇業（産業）はどのように発展
    しているのだろう
  ・情報を活用して変化している〇〇業（産業）によって国民生活はどのよ
    うに変わっているのだろう　など

○追究する際の問いの例
  【情報の種類】
  ・その産業ではどのような情報を集めているか
  ・その産業ではどのような仕組みで情報を集めているか

  【情報の活用の仕方】
  ・その産業ではどのように情報を活用しているか
  ・その産業ではどのような仕組みで情報を活用しているか
  ・その産業ではどのような場面で情報を生かしているか

  【社会への関わり方の選択・判断】
  ・産業が情報を活用して発展することの国民にとってのよさと課題は何か
  ・情報化が進んで産業が発展する中で私たちが気を付けるべきことはどの
    ようなことか　など

(児玉　大祐)

第5学年

5 我が国の国土の自然環境と国民生活との関連

ア　知識及び技能の習得

(ア) 自然災害は国土の自然条件などと関連して発生していることや，自然
　　災害から国土を保全し国民生活を守るために国や県などが様々な対策や事
　　業を進めていることを理解すること。

　これまで我が国の国土に関する内容は「(1)我が国の国土の自然などの様
子」にまとめて示されていたが，今回の改訂では，「(1)我が国の国土の様子
と国民生活」と「(5)我が国の国土の自然環境と国民生活との関連」に分け
て示された。また，これまで「森林資源の働き及び自然災害の防止」とまと
めて示されていた内容エも，「(ア)自然災害の防止」と「(イ)森林資源の働き」
に分けられ，「(ウ)公害の防止」とともに「地理的環境と人々の生活」及び
「現代社会の仕組みや働きと人々の生活」の内容の枠組みに位置付くものと
して示された。自然災害の防止では，第4学年内容(3)として「自然災害か
ら人々を守る活動」が新設されたことから，自然災害を通した国土理解の観
点が重視されている。また，自然災害防止の取組は，国民生活を守るための
国や県の対策や事業に焦点化されており，地域を取り上げた防災教育ではな
く，国土保全の観点から取り扱うことが求められている。

(イ) 森林は，その育成や保護に従事している人々の様々な工夫と努力により
　　国土の保全など重要な役割を果たしていることを理解すること。

　森林の働きでは，これまで同様，林業として森林保全を扱うのではなく，
国土保全の観点から森林の働きと保全を扱うことが求められている。

　ここでは，国土に占める森林面積が高いこと，森林は国土の保全などに大

切な働きをしていること，森林の育成や保護には多くの人による維持・管理の取組が必要であることなどを理解できるようにする。

(ウ) 関係機関や地域の人々の様々な努力により公害の防止や生活環境の改善が図られてきたことを理解するとともに，公害から国土の環境や国民の健康な生活を守ることの大切さを理解すること。

　現代社会では，産業の発展による公害は減少し，生活様式の変化や都市化の進展による公害の割合が高くなっていることから，公害の防止に向けた国民一人一人の協力の大切さに気付いていくことが求められている。そこで，公害が発生して国民生活が脅かされてきたこと，多くの人の努力や協力により公害の防止や環境改善が図られてきたことが理解できるようにする。

(エ) 地図帳や各種の資料で調べ，まとめること。

　ここでは，国土の自然環境と国民生活との関連について，地図帳，統計，衛星写真，写真や映像，年表などの資料を活用して調べることを通し，資料から情報を適切に読み取る技能を獲得させたい。また，調べて獲得した情報を地図や年表，関連図などにまとめる学習活動を設定することがまとめる技能の習得につながる。間接的な資料による追究が中心になりがちの5年生の社会科学習では，国土保全に取り組む人の願いが理解できるような文書資料や映像資料，メールやファクシミリによる聞き取り調査などを取り入れたい。

イ　思考力，判断力，表現力等の育成
(ア) 災害の種類や発生の位置や時期，防災対策などに着目して，国土の自然災害の状況を捉え，自然条件との関連を考え，表現すること。

　ここでは，日本で発生している自然災害の種類を調べ，地形や気候区分を表した日本地図の上に自然災害の種類ごとの色シールを貼ることで，自然災害の分布を捉えることができる。また，災害年表を調べて自然災害の種類ごとに色分けすることで，同じ種類の自然災害が繰り返し発生していることを

2章　「第2　各学年の目標及び内容」のポイントと解説 ● 83

捉えることができる。例えば，「日本ではどうして様々な自然災害が繰り返し起きているのだろう」「自然災害防止の対策は地形や気候に応じてどうとられているのだろう」といったことを問うことで，自然災害と国土の特色を関連付けたり自然災害と国や県の対策を関連付けたりして自然災害が発生する理由や，国や県の対策や事業の役割について追究させたい。

(イ) 森林資源の分布や働きなどに着目して，国土の環境を捉え，森林資源が果たす役割を考え，表現すること。

　日本の森林は外国と比べ，その種類や割合の面から見ても豊かである。ここでは，森林がある場合とない場合を比較して森林資源のもつ様々な機能を捉えたり，育成や保護に関わる人に着目することで森林資源の育成には長い時間と継続的な手入れが必要であることを捉えたりできる。例えば，「大切な役割を果たしている森林はどのように守られているのだろう」と問うことで，森林の働きと国民生活を関連付けて森林の果たす役割や森林資源を保護する大切さについて追究することが考えられる。

(ウ) 公害の発生時期や経過，人々の協力や努力などに着目して，公害防止の取組を捉え，その働きを考え，表現すること。

　ここでは，公害の発生時期や経過，人々の協力に着目して調べることで，環境の改善には長い時間がかかることを捉えたり，様々な人々の協力や努力により環境改善の成果が上がってきたことを捉えたりすることができる。例えば，「公害防止や環境改善にどんな人がどのように協力してきたのだろう」と問うことで，公害防止の継続的，協力的な取組の大切さについて追究することが考えられる。内容の取扱い(5)ウでは，国土の環境保全について自分たちにできることなどを考えたり選択・判断したりできるよう配慮が求められていることから，「私たちは国土の環境保全に向けて何ができるのだろう」と問うことで，子供が森林保全や公害防止への関わり方について考えることができるようにしていきたい。

●単元の学習問題と追究する際の問いの例

[国土の自然災害]
○単元の学習問題の例
・我が国の国土における自然災害にはどのような対策がとられているのだろう
・我が国の国土の自然条件と自然災害にはどのような関わりがあり，どのように被害を減らしているのだろう　など

○追究する際の問いの例
【災害の種類】
・これまでに我が国においてどのような自然災害が発生したか
【発生の位置や時期】
・それらの自然災害はいつどこで発生したか
【防災対策】
・自然災害による被害を減らすためにどのような対策をとっているか　など

[森林資源の働き]
○単元の学習問題の例
・森林とわたしたちのくらしには，どのような関わりがあるのだろう　など

○追究する際の問いの例
【分布や広がり】
・我が国では，どのような森林がどのように広がっているか
【森林の働き】
・森林は国土を守るためにどのような役割を果たしているか
【その他】
・誰がどのように森林を守り育てているか　など

[公害から環境を守る]
○単元の学習問題の例
・公害が発生した地域の人々は良好な生活環境をどのようにして取り戻してきたのだろう
・環境を守るために人々はどのような協力や努力をしてきたのだろう　など

○追究する際の問いの例
【公害の発生時期や経過】
・どのような公害がいつ頃発生したか
・それはどのように広がり，その後どのように改善したか
【人々の協力や努力】
・環境の改善に向けて人々はどのように協力してきたか
・公害をなくすためにどのような立場の人々がどのように努力してきたか
【社会への関わり方を選択・判断】
・よりよい環境を守るために自分たちに協力できることはどのようなことか　など

（石井　正広）

第6学年

目標

1 — 知識及び技能の習得

　社会的事象の見方・考え方を働かせながら，子供たちが学習問題を追究・解決する活動を通して，知識及び技能を習得することが期待されている。

　第6学年の目標では，これまでの順序が改められ，「我が国の政治の考え方と仕組みや働き」について理解することが最初に示された。今回改訂の大きな変更点の一つである。主権者教育において重要な役割を担う教科として，政治の働きへの関心を高めることが重視されている。具体的には，日本国憲法や立憲，行政，司法の三権と国民生活，国や地方公共団体の政治を取り上げ，追究・解決する活動を通じて目標の実現を図るようにする。

　「国家及び社会の発展に大きな働きをした先人の業績や優れた文化遺産」については，歴史の学習を通じて理解する目標に当たる。小学校の歴史学習の特色は，先人の業績や優れた文化遺産の働きを通じて理解できるようにするところにある。具体的には，(ア)から(サ)までの内容を基に理解を図る。

　「我が国と関係の深い国の生活やグローバル化する国際社会における我が国の役割」では，今回，グローバル化する国際社会という視点が強調された。そのため，内容面でも地球規模で発生している課題及びその解決に向けた連携・協力を取り上げ，理解を図ることが重視されている。

　「地図帳や地球儀，統計や年表などの各種の基礎的資料を通して，情報を適切に調べまとめる技能」は，第6学年の技能に関する目標である。それぞれの具体的な学習の中で活用することを通じて育成することが期待されている。また，多くの情報が容易に手に入る時代の中で，それらを吟味し，適切に活用できるようになることが求められていることに留意したい。

2− 思考力，判断力，表現力等の育成

　思考力，判断力，表現力等の育成は，知識及び技能の習得と密接に関連し，問題解決的な学習過程の中で育てたい資質・能力である。

　「社会的事象の特色や相互の関連，意味を多角的に考える力」は，第5，6学年に共通している。ここで示されている多角的な思考とは，複数の立場や意見を踏まえて考えることを指し，第6学年では，例えば，政治の働きや国際社会における我が国の役割について，立場を変えて考え，議論する学習を通じて育成していくことなどが考えられる。また，選択・判断する力の育成も強調されている。「社会に見られる課題を把握して，その解決に向けて社会への関わり方を選択・判断する力」は，今回改訂で重視されたことの一つであり，その力はこれからの社会の中で主体的に生きていこうとする力となる。社会的事象の見方・考え方を働かせて選択・判断する場面を学習に適切に位置付け，「考えたことや選択・判断したことを説明したり，それらを基に議論したりする力」の育成と合わせた学習活動を工夫していきたい。

3− 学びに向かう力，人間性等の涵養

　まずは，社会科学習において主体的に学びその成果を生かそうとする態度として「主体的に学習の問題を解決しようとする態度」「よりよい社会を考え学習したことを社会生活に生かそうとする態度」を育てることが重視されている。これらは，学習問題を追究・解決する学習過程の中でこそ養われる態度である。そして，「我が国の歴史や伝統を大切にして国を愛する心情」「我が国の将来を担う国民としての自覚」「平和を願う日本人として世界の国々の人々と共に生きることの大切さについての自覚」は，第6学年の内容と密接に結び付き，その学習を通じて育てたい心情や自覚である。ただし，これらの育成には毎時間の学習指導の積み上げが大切であり，「多角的な思考や理解」を通した学習活動を工夫し，複数の立場や意見を踏まえて考え理解したことを基に，一人一人の子供たちに育てていきたい。　　（中田　正弘）

第6学年

1 我が国の政治の働き

ア　知識及び技能の習得

(ア) 日本国憲法は国家の理想，天皇の地位，国民としての権利及び義務など
国家や国民生活の基本を定めていることや，現在の我が国の民主政治は日
本国憲法の基本的な考え方に基づいていることを理解するとともに，立法，
行政，司法の三権がそれぞれの役割を果たしていることを理解すること。

　現行学習指導要領では「歴史→政治」であるものが，新学習指導要領では
「政治→歴史」と内容の順番が逆に示されており，第6学年における大きな
変更点である。主権者教育の充実が目指されているからであろう。そのため，
これを踏まえて，教科書の紙面構成や各学校で取り扱う順番が逆になること
が考えられる。

　政治学習そのものに関しても，大きな変更が加えられ，憲法に関する内容
が国や地方公共団体に関する内容より先に示された。第6学年社会科の導入
で憲法学習を実施することに関しては，学校教育現場より様々な不安の声が
聞かれる。しかし，考えていただきたい。我が国の政治も国民生活も，日本
国憲法に基づいて営まれている。実際，中学校社会科の公民的分野では，ま
ず憲法，次に政治，という順番が一般的である。小学校社会科の政治学習を
充実させるため，今回の改訂では，憲法先習を求めているのである。

　とはいえ，第6学年の子供にとって，憲法学習は決して容易ではない。実
際の指導に当たっては，抽象的になったり，細かい用語や仕組みなどを覚え
るだけの指導になったりすることのないよう，十分な配慮が必要である。大
切なことは，子供にとって身近な地域の事例を取り上げ，それを日本国憲法
の理想や条文等と関連付けて，可能な限り具体的に授業を進めていくことで
ある。

日本国憲法そのものに関する学習では，基本的人権の尊重，国民主権，平和主義の三つの原則が日本国憲法の理想として掲げられていること，日本国憲法には天皇の地位や，国民の権利及び義務が定められていることなどを，具体的な事例を通して学習する。我が国の政治を日本国憲法に関連付ける学習では，社会に見られる課題の解決を図ろうとする我が国の政治が，日本国憲法の理想を実現するために行われていることを学習する。その際，立法（国会），行政（内閣），司法（裁判所）にも必ず触れるようにする。

(イ) 国や地方公共団体の政治は，国民主権の考え方の下，国民生活の安定と向上を図る大切な働きをしていることを理解すること。

　必要なことは，国の政治と地方公共団体の政治の関連性に配慮することである。地方公共団体の政治を国の政治につなげる努力が不可欠といえよう。

　具体的な事例として，小学校の位置する地方公共団体の取組（政策）を取り上げ，学習を進める。「私たちの願い」から学習を始めるのは，国や地方公共団体の政治が，国民主権の考え方を基本に成立するからである。また，そのような地方公共団体の取組が，国の政治によって定められた法律，国や県から受け取る補助金等に基づくことにも触れるようにする。

(ウ) 見学・調査したり各種の資料で調べたりして，まとめること。

　見学や聞き取り調査によって，子供は具体的に政治を学べるようになる。また，資料収集では，様々なパンフレットや報告書が役立つだろう。近年では行政サービス向上の一環として，ウェブ上で様々な資料が公開されている。インターネットを活用して，様々な資料を入手することは十分に可能である。

イ　思考力，判断力，表現力等の育成
(ア) 日本国憲法の基本的な考え方に着目して，我が国の民主政治を捉え，日本国憲法が国民生活に果たす役割や，国会，内閣，裁判所と国民との関わりを考え，表現すること。

2章　「第2　各学年の目標及び内容」のポイントと解説 ● 89

日本国憲法の基本的な考え方には，基本的人権の尊重，国民主権，平和主義の三つの原則をはじめとして，天皇の地位や国民の義務及び権利などが含まれる。具体的な事例に含まれる社会的事象を，これら基本的な考え方と関連付けて我が国の民主政治を捉え，日本国憲法が国民生活に果たす役割を考えるのが，本項目の意図するところである。その際，立法（国会），行政（内閣），司法（裁判所）と国民との関わりについても考えるようにする。

日本国憲法の基本的な考え方を考えるのに適当だと思われる題材を市区町村より探し出し，見学・調査を通して，その具体を学ぶ。その過程で，例えば多文化共生を取り上げるのであれば，多文化共生に関する取組は基本的人権の尊重の考え方に基づいていること，平等な社会を実現しようとする市民の願いに基づいていること（国民主権）について，子供は考えるだろう。さらに，国の政治が，多文化共生に関する法律を整備したり，政策を立案したりして，地方公共団体の政治を支えていることを考えることになる。

なお，この項目と関連した「内容の取扱い」には，「国民としての政治への関わり方について多角的に考えて，自分の考えをまとめることができるよう配慮する」とある。主権者教育の視点から政治参加の意義を考えさせたい。

（イ）政策の内容や計画から実施までの過程，法令や予算との関わりなどに着目して，国や地方公共団体の政治の取組を捉え，国民生活における政治の働きを考え，表現すること。

政策，法令や予算に着目させ，国や地方公共団体の政治を考えさせる。

例えば，公共交通に関する取組を取り上げる。お年寄りや生徒・学生などの交通弱者が安心して移動できるよう，多くの市区町村では，バス事業者と協力して，循環バスをはじめとする公共交通の整備に努めている。その取組を，計画から実施までの過程，法令や予算に着目して捉えさせるのが，この項目と関連した授業となる。なお，こういった地域の公共交通に関する取組が，法律の改正や補助金から成り立っていることを，国の政治との関わりから学習することも大切にしなければならない。

●単元の学習問題と追究する際の問いの例

[日本国憲法と私たちのくらし]
○単元の学習問題の例
・日本国憲法は私たちのくらしにどのような働きをしているのだろう
・日本国憲法にはどのような特色があり，それが我が国の政治や国民生活にどのような役割を果たしているのだろう　など

○追究する際の問いの例
【日本国憲法の基本的な考え方】
・日本国憲法の基本的な考え方はどのようなものか
・国会，内閣，裁判所はそれぞれどのような役割を果たしているか
・国会，内閣，裁判所はどのように関連し合っているか
・「国民主権」の考え方は私たちの生活にどのように生かされているか
・「基本的人権の尊重」の考え方は私たちの生活にどのように生かされているか

【社会への関わりの選択・判断】
・わたしたち国民は政治の働きにどのように関わることかできるか
・わたしたちには政治の働きに対してどのような責任があるか　など

[我が国と地方公共団体の政治の働き]
○単元の学習問題の例
・社会保障（災害からの復旧や復興，地域の開発や活性化）の取組は，政治の働きによってどのように実現されているのだろう　など

○追究する際の問いの例
【政策の内容や計画から実施までの過程】
・どのような内容の政策か
・どのような過程を経て実施されたか
・何のためにどのような取組を進めているか

【法令や予算との関わり】
・どのような法令に基づいているか
・予算はどのように決められるか
・予算はどのようにして集められているか

【社会への関わりの選択・判断】
・〇〇の取組をよりよく進めるために，わたしたちにはどのような協力が考えられるか
・〇〇の取組など，これからわたしたちは政治の働きにどのような関心をもつべきか　など

（唐木　清志）

2章　「第2　各学年の目標及び内容」のポイントと解説　● 91

第6学年

2 我が国の歴史

1 – 知識及び技能の習得

　歴史学習に関しては，改訂に伴う内容の大幅な増加や変更はないものの，他領域と同様，資質・能力育成の観点から，知識及び技能の項目と思考力，判断力，表現力等の育成に関わる項目が書き分けられた。歴史学習の展開を考える上では，これらの項目間の関係を十分に理解することが必要である。

①歴史に関する内容構成の特徴

　歴史に関して学習指導要領では，内容(2)の冒頭で**「我が国の歴史上の主な事象について，学習の問題を追究・解決する活動を通して，次の事項を身に付けることができるよう指導する」**と述べ，身に付ける「知識及び技能」については，**「我が国の歴史上の主な事象を手掛かりに，大まかな歴史を理解するとともに，関連する先人の業績，優れた文化遺産を理解すること」**と述べている。学習問題を追究・解決する活動を通して知識及び技能を身に付けるという論理は他の項目と同様であるが，実際に知識及び技能として示された歴史の内容は，政治や国際といった同学年の他の内容と比べても，その構成が大きく異なっている。

　それは，図1のように入れ子型の構成として表現できる。例えば，内容項目Xの構成は，事象①〜③を取り上げ，各事象について具体的に調べ，得られた知識を基にそれぞれの事象を捉えるとともに，それを手掛かりにしてXの時期の国家や社会の様子をつかんでいくようになっている（項目Yについても同様）。実際，内容(2)の(イ)〜(サ)の項目を見ると「〇〇，△△を手掛かりに，■■を理解すること」と表現されており，歴史の主な事象について調

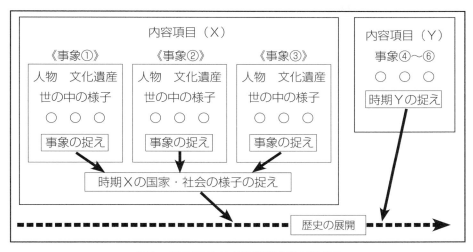

図1　歴史領域における教科内容の構成図

べたことを通して，各時期の国家・社会の様子や動きを理解し，さらには我が国の大まかな歴史を理解するという構造となっていることが読み取れよう。

②「歴史上の主な事象」の理解と「大まかな歴史」の理解

　我が国の歴史においては，世の中の様子に顕著な特徴が見られる時期や，歴史の進展に大きな影響を与える変化が生じた時期があり，これらの時期の国家や社会の様子を理解する手段となるのが歴史上の主な事象である。社会の特徴や変化を生み出すこととなった出来事（人・モノ・コト）について具体的に知ることが，それぞれの時期の歴史の理解を促進させるわけである。

　それは，各時期の政治や経済，社会生活や文化の事象を羅列的に学習することではない。事象を数多く知ることが目的ではないことに留意したい。

　そして歴史学習全体としては，特徴ある時期の歴史を時系列に学ぶことで我が国の大まかな歴史を理解させる構成となっている。ここでは，内容の取扱い(2)のキにあるように，我が国は長い歴史をもち，優れた伝統や文化を育んできたことや，我が国の歴史が政治の中心地や世の中の様子などによって幾つかの時期に分けられることに気付くようにすることが必要である。

③ 「関連する先人の業績，優れた文化遺産」の理解

　歴史上の主な事象を学習する上で手掛かりとするのが，それらの事象や出来事に関係する先人の業績や，優れた文化遺産である。世の中を動かし，歴史の進展に影響を与えた出来事は，人々の課題解決への思いや願いを伴った行動によって生み出されたものである。また，大きな影響を与えた人物の働きや，そうした先人の工夫・努力によって生み出された優れた文化遺産について具体的に調べることが求められる。

　それゆえ学習に当たっては，先人の業績については，内容の取扱い(2)のウに示される42名の人物を中心に，人物が直面した課題，その状況で人物がとった行動（選択・判断）を丁寧に調べることが重要となろう。また文化遺産については，内容の取扱い(2)のイに示されるように，国宝，重要文化財，世界文化遺産に登録されているもののほか，文化庁が認定する「日本遺産」や県や市の指定する文化財など，扱う歴史上の事象と関わりが深いものについては積極的に取り上げ，それらを生み出した先人の工夫・努力や，守り継承してきた祖先の思いを考えることを通して，文化遺産の価値を理解させることが重要となろう。

④ 「調べ，まとめる」技能の習得

　歴史の事象を実際に「調べ，まとめる」に当たっては，事象についての情報が得られる様々な種類や形態の資料を活用し，まとめる技能を育てたい。活用できる資料として，例えば，遺跡や遺物などの実物資料，過去の人々のものの見方や考え方を記したり，過去の社会の状況や人々の暮らしの様子を記述したり描いたりした文書，絵画，写真・映像などの資料が挙げられよう。また，年表や地図，想像図や図表などの一次資料を基に過去の事象を理解しやすくするために加工された二次資料も存在する。

　学習においては，こうした資料を読み解き，事象について必要な情報を取り出す技能や，複数の資料の情報を総合して分かったことを年表や関係図，新聞やポスターなどにまとめる技能，さらには自分の考えや主張を他者に伝

えるために説明したり，発表したりする表現の技能を育みたい。

2－ 思考力，判断力，表現力等の育成

　思考力，判断力，表現力等については，事象について調べたり，調べたことを基に考えたり，それらをまとめたりすることを通して育成する。具体的には，「世の中の様子，人物の働きや代表的な文化遺産などに関する問いを設けて調べ」たり，調べたことを基に「歴史の展開や歴史を学ぶ意味を考え」たり，それらをまとめ表現したりすることで育成する。

①「世の中の様子，人物の働きや代表的な文化遺産」への着目

　歴史上の主な事象について具体的に何を調べるかは，事象の何に着目するのか，そして事象に対しどのような問いを投げ掛けるかによって変化する。事象が生起した当時の世の中の様子に着目すれば，「どのような状況で起こったか」を問い，調べることとなる。事象に関わった人物の働きであれば「誰がそうしたか」「なぜそうしたか」「どのような影響を与えたか」を問い，代表的な文化遺産であれば「誰がつくったか」「どのような意味や価値があるか」を問うことになろう。問いを導きにして，事象に関する具体的な事実を調べ，知識を獲得するわけである。

②「歴史の展開や歴史を学ぶ意味」を考え，表現する

　事象について得られた知識は，それらを関連付けることで，より深い理解を得ることができる。また事象を相互に関連付け総合することでも理解を深めることができる。歴史の展開を考えるとは，世の中の様子や人物の働き，文化遺産に関する様々な知識を関連付けたり，同時期の複数の事象を関連付けたりして，その時期の国家や社会の姿について理解を深めることである。

　さらに，過去の出来事と現在の自分たちの生活や社会との関連を考えたり，歴史に学んだことをどのように生かしていくのかを考えたりすることで，歴史をなぜ学ぶのかなど歴史を学ぶ目的や大切さについて考えを深めさせたい。

（溝口　和宏）

2章　「第2　各学年の目標及び内容」のポイントと解説 ● 95

ア　知識及び技能の習得

(ア) 狩猟・採集や農耕の生活，古墳，大和朝廷（大和政権）による統一の様子を手掛かりに，むらからくにへと変化したことを理解すること。その際，神話・伝承を手掛かりに，国の形成に関する考え方などに関心をもつこと。

　ここでは，縄文・弥生の時代から古墳時代の頃までに，社会の様子がむらからくにへと変化したことを理解できるようにする。具体的には「狩猟・採集や農耕の生活」「古墳」「大和朝廷（大和政権）による統一の様子」を取り上げ，これらの事象について以下のことを手掛かりに理解できるようにする。

・大陸から稲作が伝えられ，人々の生活が狩猟・採集の生活から農耕の生活へと変化したこと。

・水田耕作が広まり稲作が盛んになるにつれ，各地に小さなくにができ，人々を支配する有力な豪族や王が出現したこと。

・くにぐにの間で起こった争乱の時代を経て，邪馬台国の卑弥呼が王となり倭の国々を治めたこと（中国の歴史書にそのように記されていること）。

・当時の支配者の墓である古墳が全国各地につくられたこと。

・畿内の有力な豪族で構成された大和朝廷（大和政権）が全国を支配するに至ったこと（各地の古墳や出土品からそのように推測できること）。

(シ) 遺跡や文化財，地図や年表などの資料で調べ，まとめること。

　ここでは，集落跡や水田跡，貝塚などの遺跡から当時の暮らしを想像したり，土器や金属器などの遺物からその使用法を調べたり，古墳の大きさや各地への広がりを調べたりして，むらからくにへと変化する様子を新聞にまとめるなど，調べ，まとめる技能を身に付けさせたい。

イ　思考力，判断力，表現力等の育成

(ア) 世の中の様子，人物の働きや代表的な文化遺産などに着目して，我が国の歴史上の主な事象を捉え，我が国の歴史の展開を考えるとともに，歴史を学ぶ意味を考え，表現すること。

　ここでは，各地に残る集落跡や前方後円墳などの古墳，それらから出土し

た遺物などから「狩猟・採集や農耕の生活」「古墳」「大和朝廷（大和政権）による統一の様子」に着目して具体的に調べ，それらの事象を関連付けたり総合したりして，社会の姿がむらからくにへと変化していく様子を考え，それらを図にまとめたり，文章にしたりして表現する。

　考えを深める場面では，遺跡や遺物を手掛かりに，世の中の様子の変化を考える活動を工夫したい。例えば，土器の機能に着目して生活の変化の様子を捉えたり，環濠集落の防御を意識したつくりに着目し，争乱の多い当時の社会の様子やその後の卑弥呼の政治をイメージしたりする。近畿地方の大型前方後円墳，九州や関東の古墳の出土品（埼玉古墳の鉄剣など）に着目し，支配者の力の大きさや支配する領域の広さから，国の形成を捉えさせる。また「神話や伝承」の物語から，それをつくった当時の人々の国の形成に関する考え方や世界観を読み取る。

●小単元の学習問題と手掛かりとなる事象を調べる際の問いの例

○小単元の学習問題の例
・米づくりが広がり，社会の様子はどのように変わったのだろう
・米づくりのむらは，どのように変わっていったのだろう　など

○手掛かりとなる事象を調べる際の問いの例
【狩猟・採集や農耕の生活】
・縄文のむらはどのような様子か
・米づくりはどこからどのように伝わったか
・米づくりはどのように行われていたか
・米づくりが伝わると人々の暮らしはどのように変わっていったか

【古墳】
・古墳は何のためにどのようにしてつくられたか
・古墳の規模や広がりからどのようなことが分かるか

【大和朝廷（大和政権）による統一の様子】
・大きな力をもった豪族はどのように勢力を広げていったのか
・大和朝廷が地域の統一を進めたことはどのようなことから分かるのか　など

（溝口　和宏）

2章　「第2　各学年の目標及び内容」のポイントと解説 ● 97

ア　知識及び技能の習得

(ｲ)　大陸文化の摂取，大化の改新，大仏造営の様子を手掛かりに，天皇を中心とした政治が確立されたことを理解すること。

　この内容では，大陸文化の摂取，大化の改新，大仏造営の様子の三つの事象を取り上げ，以下のことを手掛かりとして，天皇を中心とした政治が確立したことを理解できるようにする。

・聖徳太子が法隆寺を建立したり，冠位十二階や十七条の憲法を定めたりして，大陸の文化や政治の仕組みを積極的に取り入れたこと。

・聖徳太子の死後，聖徳太子が目指した天皇中心の国づくりが中大兄皇子と中臣鎌足によって進められたこと。

・聖武天皇が，行基らの協力を得て，東大寺の大仏が造られたこと。

・国分寺を全国に置き，広く全国に天皇を中心とする政治を広めたこと。

(ｼ)　遺跡や文化財，地図や年表などの資料で調べ，まとめること。

　例えば，大仏がどのように造られたのか新聞にまとめる場合には，遣隋使の航路や当時の東アジアの勢力図，正倉院の宝物が渡来した経路，全国に置いた国分寺や大仏の原料の産出地，都に運ばれてきた産物などを資料を使って，位置や広がりを読み取る技能を身に付けることができるような学習過程を考える必要がある。大仏の造営については，その大きさや，原材料，関わった人数などについて資料を基に調べ，図や表，文章に表すなどしてまとめる技能を身に付けることができるようにする。

イ　思考力，判断力，表現力等の育成

　聖徳太子が我が国の紙幣に何度も登場したことや，聖徳太子に関わるエピソードなどから，人となりを想像するような展開を通して子供の興味・関心を高め，調べ進められるような学習が有効である。さらに，調べたことを基に，聖徳太子が小野妹子らを隋（中国）に派遣し，隋の皇帝に送った国書の内容と，当時の情勢や聖徳太子が目指した国づくりを関連付け，隋との対等な外交を目指していたことについて考え，話し合う学習が考えられる。

大化の改新については，中国にならって年号を定めたことや，国づくりの方法を調べ，都から全国へとどのように支配を広げたか考えるようにする。

大仏造営の様子については，天皇中心の国づくりがさらに進められたことを調べて考え，捉えられるようにすることである。例えば，大仏の大きさに着目し，大仏の鼻の穴の大きさや手の大きさを提示したり，実物大の大仏の大きさを校庭等に示したりしてみることから「なぜこんなに大きな大仏を造ることを発案したのか」などと問いをもち，調べて考え，話し合うような学習が考えられる。また，中国やインドなど各国の高僧を１万人以上も招き，インドの高僧が開眼の筆を入れたことなど，開眼式の様子と大仏造営について調べたことを関連付けたり総合したりして聖武天皇がどんな願いを込めて大仏を造営したか考えるなど，歴史的事象の意味を相互に関連付けて考え，解釈し，説明するような学習で，考えを深めていくことも大切である。

●小単元の学習問題と手掛かりとなる事象を調べる際の問いの例

○小単元の学習問題の例
・聖徳太子の願いはどのように受け継がれたのだろう
・天皇中心の国づくりはどのように進められたのだろう　など

○手掛かりとなる事象を調べる際の問いの例
【大陸文化の摂取】
・遣隋使はどのような目的で送られたか
・遣唐使を通して大陸と交流した日本はどのようなことを学んだのか
・大陸の文化はどのような経路で伝わったか

【大化の改新】
・大化の改新とはどのような出来事か
・聖徳太子の死後は誰がどのような政治を進めたか

【大仏造営の様子】
・聖武天皇はどのような願いで大仏を造らせたか
・大仏づくりはどのように行われたか　など

（佐野　浩志）

ア　知識及び技能の習得

(ウ) **貴族の生活や文化を手掛かりに，日本風の文化が生まれたことを理解すること。**

　　従来の学習指導要領の内容では，「大陸文化の摂取，大化の改新，大仏造営の様子，貴族の生活について調べ，天皇を中心とした政治が確立されたことや日本風の文化が起こったことが分かること」とされていたものから，貴族の生活や文化について調べることが独立した新単元である。従来より，大陸文化の摂取から大仏造営までは中央集権国家の成立過程を追う単元として扱われることが多く，貴族の生活や文化は取り出して扱われることが多かった。今回の改訂では，貴族の生活や文化が取り出された形となった。

　　この単元では，藤原道長・頼通親子が摂関政治を行い，天皇をしのぎ藤原氏が栄華を極めたことなどに触れることも意味のあることだが，ここでのねらいは，あくまで日本風の文化が生まれたことをつかませることにあることに留意する必要がある。限られた時間の中であれもこれも調べてゆとりがなくなることは避けたい。

(シ) **遺跡や文化財，地図や年表などの資料で調べ，まとめること。**

　　例えば，貴族の生活に着目し，調べていく際は，漠然と調べるのではなく，衣・食・住・暮らしの様子・行事等，調べる視点を明確にして調べることが大切である。例えば，衣については，男性は衣冠や束帯，直衣や狩衣を，女性は十二単や小袿などの着物を着ていたこと，住では，寝殿造と呼ばれる屋敷に住んでいたこと，庭には船遊びができる大きな池があり，池には釣殿と呼ばれる建物が張り出していたことなどをつかんでいく。食では，貴族の食事は，奈良時代以上に種類が増えて豪華になっており，魚やきじ・かもなどの肉，山菜や野菜，お吸い物，果物，酒などを食していたこと，暮らしの様子では，和歌や音楽，花見，月見，けまり，すごろく，貝あわせ，歌あわせ，絵あわせなどをして過ごしたこと，行事としては，年賀の挨拶や曲水の宴，七夕など，季節に合わせて様々な行事があったことなどをつかんでいく。これらを，これまでの時代と比べることを通して，現在にまで伝わっているも

のがあることや，日本らしいものが増えてきていることに気付くことができるようにし，ノート等にまとめていく。

イ　思考力，判断力，表現力等の育成

　この時代に描かれたものに大和絵がある。大和絵には，その当時の貴族の暮らしの様々な場面が描かれている。視覚的に貴族の暮らしの様子をつかむことができるので，教材として活用したい。

　前述の課題例などによって貴族の暮らしの様子をつかむことができたなら，大和絵を利用してその解説を書くようにし，考えたことを表現する力を育てていく。まず，貴族の暮らしが分かるいくつかの大和絵を用意し，グループでの対話を通しながら，その解説文を書いていく。でき上がった解説文は，グループ同士で交流を行い，説明し合うことによって，お互いの理解を深めていくことができる。例えば，広大な屋敷に住み，着物を着た優雅な暮らしをしていること，庭に船を浮かべ，船遊びをしていること，琵琶や琴の演奏をして楽しんでいることなど，子供たちはたくさんのことを大和絵から読み取っていく。最後に，グループの交流によって出てきたことを黒板で整理することによって，優雅な貴族の暮らしや日本らしい文化の様子について気付いていくことができるようにする。

●小単元の学習問題と手掛かりとなる事象を調べる際の問いの例

○小単元の学習問題の例
　・貴族はどのような暮らしをしていたのだろう
　・貴族が力をもった頃，どのような文化が生まれたのだろう　など

○手掛かりとなる事象を調べる際の問いの例
　【貴族の生活】
　・どのような館でどのように暮らしていたか
　・どのような行事を行っていたか
　【貴族の文化】
　・どのような文化が生まれたか　など

（大嶋　和彦）

ア　知識及び技能の習得

(エ) 源平の戦い，鎌倉幕府の始まり，元との戦いを手掛かりに，武士による
　政治が始まったことを理解すること。

　　ここでは，三つの歴史的事象から，武士による政治が始まったことをつか
むことをねらいとしている。前単元で，文化的な面から貴族の暮らしには触
れているが，政治的な内容の扱いは薄いため，平安時代末期，武士が台頭し
てきた頃の世の中の様子をつかみ，貴族の世から武士の世へとどのように移
り変わっていったのかをつかめるようにしたい。

　　一見すると三つの内容はそれぞればらばらで統一性がないように感じるが，
「武士による政治が始まったこと」をつかむために一貫した調べを行うこと
が大切である。特に，元との戦いの扱いは，「全国の武士を動員し，暴風雨
の助けもあって元を退けることができたが，恩賞としての領地を与えること
ができず，鎌倉幕府が衰退する一因となった」として扱われる実践が多いが，
本単元のねらいが「武士による政治が始まったことを理解すること」にある
ことを考えると，その扱いは軽くすべきだと考えられる。やはり，北条時宗
が九州の御家人を中心に全国の武士を動員し，元の襲来に備えた防塁を築い
たことや，元と戦ったことなどを取り上げ，幕府の力が全国にまで及んでい
たことを証明するものとして捉えられるようにしたい。

(シ) 遺跡や文化財，地図や年表などの資料で調べ，まとめること。

　　源頼朝は，鎌倉に幕府を開き武士の世をスタートさせる。その政権が安定
して運営できた理由を探る。

　　まず，教科書や資料等を活用して調べ，その理由となるべき事象を見つけ
ていく。子供たちが見つけてくるであろうと予想されるものとしては，天皇
の住む都から離れた鎌倉の地に幕府を開いたこと，御家人とご恩と奉公の関
係で結ばれ領地を安堵したこと，全国に守護・地頭を置くなど国を治める仕
組みができあがったことなどが考えられる。その際，社会的事象の見方・考
え方を働かせて，例えば鎌倉が京都から遠く離れていることを地図上で確認
したり，全国のどこに守護・地頭を配置したのかを空間的な広がりから確認

102

したりできるようにすることが大切である。

　子供たちは，見つけてきた理由を交流することを通して武士の世が安定して運営できた理由について深く考えていく。交流を行った後，友達の意見を総合して自分なりの考えをノートにまとめるようにする。歴史学習では，根拠を明らかにし，自分なりの考えをもつことが大切になってくる。

イ　思考力，判断力，表現力等の育成

　ここでは例えば，同じ武士である平清盛と源頼朝の働きに着目して調べ，源頼朝が目指した世を明らかにしていく。平清盛の頃に絶頂期を迎えた平氏は，天皇と姻戚関係を結び，平清盛自身が太政大臣になるなど，貴族社会の中に武士が入り込み，貴族と代わる形で政治を行おうとした。それに対して頼朝は，貴族社会とは距離を置き，武士だけで政治を行う仕組みをつくろうとした。結果，源平の合戦で平氏は破れ，源氏の世になるのだが，平氏と源氏を代表する二人の働きを比較することを通して，頼朝の目指した武士の世を浮き彫りにしていくようにする。年表を活用し，時期や時間の経過に着目して二人の行動を捉え，働きを比較することを通して，頼朝が目指した武士の世について考えることができるようにしたい。

●小単元の学習問題と手掛かりとなる事象を調べる際の問いの例

○小単元の学習問題の例
　・武士はどのように力を伸ばしどのような政治を行ったのだろう
　・武士が台頭して世の中の様子はどのように変わったのだろう　など

○手掛かりとなる事象を調べる際の問いの例
【源平の戦い】
　・武士はどのようにして力を伸ばしたか　　　　・平氏と源氏の戦いはどのように行われたか

【鎌倉幕府の始まり】
　・源頼朝はどのように武士たちを従えたのか　　・鎌倉幕府はどのような政治を行ったか

【元との戦い】
　・元はどの地域でどのように勢力を広げたのか　・なぜ北条時宗は元と戦う決断をしたのか
　・鎌倉幕府は元とどのように戦ったか
　・元との戦いは鎌倉幕府にどのような影響を与えたか　など

（大嶋　和彦）

ア　知識及び技能の習得

(オ)　京都の室町に幕府が置かれた頃の代表的な建造物や絵画を手掛かりに，今日の生活文化につながる室町文化が生まれたことを理解すること。

　本単元は，平安時代に続き，文化を扱う単元となっていることに留意する必要がある。まず，建造物であるが，この時代に建てられた金閣や銀閣がその代表である。銀閣の東求堂同仁斎に見られるふすまや畳，違い棚などを用いた部屋のつくりは書院造といわれ，現在の和風建築にも受け継がれている。また，絵画では，雪舟により「天橋立図」「四季花鳥図」などの我が国の水墨画を代表する作品が数多く生み出され，今でも大切に守られている。

　このように，今に受け継がれている文化が数多く生まれた理由としては，まず，鎌倉から京都に再び政治の中心が移ったこと，貴族と武士，庶民との交流が盛んになり相互の文化が受容・発展されたこと，京都の文化が日本各地に広がり，多くの人々が文化の担い手となったこと等が考えられるが，授業の中でその理由を扱うのは子供にとって難しいため，深入りしないようにしたい。あくまで，建造物や絵画等の調べを通して，その特色をまとめ，今に伝わるものが多いことを捉えられるようにしていくことが大切である。

(シ)　遺跡や文化財，地図や年表などの資料で調べ，まとめること。

　例えば，京都の室町に幕府が置かれた頃の代表的な文化財（建造物）である金閣と銀閣に着目して調べ，二つを比較することを通して，室町文化についての考えを深めていく。

　実際に二つの建物を比べてみると，足利義満が建てた金閣は，三層からなり，一層が寝殿造，二層が武家造，三層が禅宗仏殿様式となっている。金閣は，公家の文化と武士の文化に加え，日明貿易で入ってきた大陸の文化が融合した様子がよく表れている。それに対して，足利義政が建てた銀閣は，初層の住宅風様式と上層の禅宗様式が融合する二層構造になっている。また，東求堂同仁斎は，我が国最古といわれる書院造の建物である。銀閣は応仁の乱が終わった頃，簡素で気品のある文化が流行しており，その影響を受けて建てられたといわれている。二つの建物の比較と，当時の年表を関連付け，

104

表に整理して考えることにより，それぞれが建てられた頃の文化の様子がはっきりとしてくる。

イ　思考力，判断力，表現力等の育成

　特色は，一つのことを調べるだけでなく，何かと比較することにより鮮明になってくる。そこで例えば，先に調べた平安時代の文化と比較することによって室町文化の特色を明らかにしていく。

　まず，建造物や絵画，茶の湯，能や狂言，祭りなど自分が調べたいものを選択し，調べていく。そして，相互交流によって，室町文化の概要をつかんでおく。平安文化との比較を行う際には，何となく比べるのではなく，比べる視点が必要である。例えば，文化の担い手は誰か，その文化が盛んだったところはどこか，宗教との関係はどうだったか，外国との関係はどうだったか等の視点を基に比較を行うようにする。すると，貴族だけの文化から武士や庶民にまで広がってきたこと，京の都から地方にまでその文化が広がったこと，禅宗や中国文化の影響を大きく受けていることなどに気付くことができる。これらを基に室町文化をまとめたキャッチコピーを一人一人がつくっていくようにし，その特色を明らかにしていく。

●小単元の学習問題と手掛かりとなる事象を調べる際の問いの例

○**小単元の学習問題の例**
・室町時代には，どのような文化が生まれたのだろう
・京都に幕府が置かれていた頃の文化は，なぜ今に受け継がれているのだろう　など

○**手掛かりとなる事象を調べる際の問いの例**
【京都の室町に幕府が置かれた頃の代表的な建造物】
・金閣と銀閣にはそれぞれどのような特色があるか
・書院造の要素は今の日本の建物にどのように引き継がれているか
【京都の室町に幕府が置かれた頃の代表的な絵画】
・雪舟はどのようにして日本風の水墨画を生み出したか
・雪舟の水墨画のよさはどのようなところか
【その他】
・この頃，他にどのような文化が生まれ広がったか
・どのような文化が今に受け継がれているか　など

（大嶋　和彦）

ア　知識及び技能の習得

(カ) キリスト教の伝来，織田(おだ)・豊臣(とよとみ)の天下統一を手掛かりに，戦国の世が統
　　一されたことを理解すること。

　本項目の内容は，各地の戦国大名が自らの領国を支配する群雄割拠の状態
から，全国を支配する統一政権が生み出されたことを理解させるものである。
その際，「キリスト教の伝来」「織田・豊臣の天下統一」という歴史上の事象
を取り上げて具体的に調べ，以下のことを手掛かりに理解できるようにする。

・種子島に漂着したポルトガル人が鉄砲を伝え，宣教師ザビエルがキリスト
　教を伝えるなど，ヨーロッパ人との交流・交易が始まったこと。

・織田信長が大量の鉄砲を用いた戦術で支配地を拡げ，配下の城下町では楽
　市・楽座の政策により商人を招くなど商工業の発展を図ったこと。

・本能寺の変の後，豊臣秀吉は信長の後継者争いに勝利し，関東や九州も平
　定して全国統一を成し遂げたこと。

・豊臣秀吉は，太閤検地や刀狩り令によって武士と農民の身分を明確に区別
　するなど，身分ごとの職業や生活を営む社会の仕組みを整えたこと。

(シ) 遺跡や文化財，地図や年表などの資料で調べ，まとめること。

　ここでは，鉄砲やキリスト教をもたらしたスペインやポルトガルの位置や
ザビエルの航海路を地図で確認したり，城や城郭などの大きさやつくり，戦
国大名による合戦図屏風などからこの時代の戦いの様子を読み解きながら群
雄割拠の戦乱時代について調べたり，今日の日本語にも名残の残る南蛮貿易
での輸入品について調べたりしたことを，文章にしたり表でまとめたりする
など，調べたことを表現する技能を身に付けさせたい。

イ　思考力，判断力，表現力等の育成

　ここでは，人物の働きや代表的な文化遺産として，ザビエルらによる「キ
リスト教の伝来」，織田信長や豊臣秀吉による「織田・豊臣の天下統一」に
着目して具体的に調べ，それらの事象を関連付けたり総合したりして，ヨー
ロッパ人との交流や交易が始まった経緯やその様子，天下統一を成し遂げる

上で人物たちが果たした役割や業績を考え，それらを図表や年表，関係図に
まとめたり，文章にしたりして，発表できるようにする。

　考えを深める場面では，ヨーロッパから伝えられたものや人物の働きが，
当時の世の中に与えた影響について考える活動を工夫したい。例えば，大量
の鉄砲を使用する集団戦術が戦国時代の合戦に与えた影響を考えたり，宣教
師の布教によって伝えられたキリスト教が人々に広まった理由を当時の社会
の様子から推測したりする。また信長が自治都市であった堺を制圧した意味
や，支配した城下に楽市・楽座を導入した意図を考えたり，宗教勢力との戦
いを進めていた状況でキリスト教に寛容な態度を示した信長の考えを推測し
たりする。また秀吉による太閤検地や刀狩りがそれまでの社会をどう変える
ことになったのかを考察したりする。

●小単元の学習問題と手掛かりとなる事象を調べる際の問いの例

○小単元の学習問題の例
　・戦国の世の中は誰がどのようにして統一したのだろう
　・天下統一はどのように成し遂げられたのだろう

　　　　　　　　　　　　　　　　　　　　　　　　　　　など

○手掛かりとなる事象を調べる際の問いの例
【キリスト教の伝来】
　・キリスト教はどこからどのように伝わったか
　・キリスト教はどのように広がったか

【織田・豊臣の天下統一】
　・織田信長はどのようにして急速に勢力を広げたか
　・織田信長は天下統一を目指してどのようなことを行ったか
　・豊臣秀吉はどのようにして天下統一を成し遂げたか
　・豊臣秀吉は天下統一をするためにどのようなことを行ったか
　・織田と豊臣，天下統一にそれぞれどんな役割を果たしたか

　　　　　　　　　　　　　　　　　　　　　　　　　　　など

（溝口　和宏）

2章　「第2　各学年の目標及び内容」のポイントと解説　●　107

ア　知識及び技能の習得

(キ) 江戸幕府の始まり，参勤交代や鎖国などの幕府の政策，身分制を手掛かりに，武士による政治が安定したことを理解すること。

　ここの内容では，江戸幕府による政治がどのようにして安定し，その後265年続く幕府の政治の基礎をつくったのか理解できるようにする。具体的には，江戸幕府の始まり，参勤交代，鎖国などの幕府の政策，身分制の四つの事象を取り上げ，以下のことを手掛かりにして理解できるようにする。

・徳川家康が関ヶ原の戦いに勝利を収め，幕府を江戸に開いたこと。

・徳川家康から徳川家光の時代に幕府が，参勤交代や鎖国などの政策を基に幕府が長続きする仕組みをつくり上げたこと

・幕府が百姓や町人を支配し，身分制度を確立したこと。

(シ) 遺跡や文化財，地図や年表などの資料で調べ，まとめること。

　ここでは，各大名の配置や参勤交代の経路や日数などを記した資料から，大名の負担について読み取りまとめる。また，キリスト教の禁止に関わって，絵踏みの様子を描いた資料，人々が海外に行くことや海外から帰ってくることを禁止したお触書，出島の大きさや交流・交易のあった国や地域の名称や位置などの資料から，鎖国の様子について調べていく。調べたことを図や表に表したり文でまとめたりする技能を身に付けられるようにする。民衆へのお触書を調べて，農民の暮らしぶりを想像するような学習も考えられる。

イ　思考力，判断力，表現力等の育成

　ここでは，265年続く幕藩体制の確立について，幕府の様々な政策を関連付けたり，総合したりして考えていくことが必要である。

　例えば，全国の大名を親藩，譜代，外様に分けたことを，幕府の工夫や配置に着目して調べ，武家諸法度などと関連付けたり，総合したりして大名を支配した様子について考えることである。また，江戸城の修理や河川の堤防づくり，江戸の上水道や水路の普請などと大名の統制を関連付けて「幕府に逆らえない仕組み」を整えていったことを考え，話し合う学習も考えられる。

参勤交代については，大名の配置や参勤交代の経路を，位置や広がりに着目して調べ，大名をどのように支配していったか具体的に考えることである。

　鎖国については，キリスト教の禁止や出島を通した海外との貿易や情報の統制などが行われたことを調べて，江戸幕府による政治が安定したことと関連付けて考えることである。また，鎖国下の対外関係について，オランダ，中国との交易のほか，朝鮮との交流や琉球の役割，アイヌとの北方の交易など，幕府が「四つの窓口」から情報を得ることで，貿易だけではなく情報についても統制を図り，力を強めていったことを調べるような学習も有効である。例えば，「鎖国は誰にとっての鎖国だったのだろう」などと出島に限定して貿易をしたことと，キリスト教を禁止したことを関連付けて幕府の外交政策の意味について考え，まとめ，話し合うような学習も考えられる。

●小単元の学習問題と手掛かりとなる事象を調べる際の問いの例

○小単元の学習問題の例
　・江戸幕府はどのようにして全国を支配したのだろう
　・江戸幕府はなぜ260年以上も続いたのだろう　など

○手掛かりとなる事象を調べる際の問いの例
【江戸幕府の始まり】
　・徳川家康はどのようにして全国支配を進めたか
　・江戸幕府はどのように大名たちを配置したか

【参勤交代や鎖国などの幕府の政策】
　・参勤交代は何のために，どのように行われたか
　・徳川家光はどのように支配体制を固めたか
　・外国との交流はどのように変化したか
　・幕府が鎖国の政策を進めたのはなぜか
　・幕府はキリスト教をどのようにして禁止したのか

【身分制】
　・幕府はどのようにして人々を治めたのか
　・この頃はどのように身分が固定化したのか　など

（佐野　浩志）

2章　「第2　各学年の目標及び内容」のポイントと解説 ● 109

ア　知識及び技能の習得

（ク）歌舞伎や浮世絵，国学や蘭学を手掛かりに，町人の文化が栄え新しい学
　　問がおこったことを理解すること。

　　ここでは，江戸幕府が政治を行った頃，町人の文化が栄えたことや学問が
おこったことを理解できるようにする。具体的には，「歌舞伎や浮世絵」「国
学や蘭学」を取り上げ，以下のことを手掛かりに理解できるようにする。

歌舞伎や浮世絵

・近松門左衛門などによって書かれた歌舞伎の脚本は，様々な舞台で上演さ
　れ，人々が楽しんで鑑賞したこと。

・歌川広重らによって描かれた浮世絵の作品は，版画として大量に刷られ，
　多くの人々に親しまれたこと。

国学や蘭学

・我が国の古典の研究が広がり，本居宣長は『古事記伝』を著すなど，国学
　の発展に重要な役割を果たしたこと。

・杉田玄白らがオランダ語の医学書を翻訳して『解体新書』を著し，医学の
　発展や蘭学の研究に貢献したこと。

・伊能忠敬が全国を測量して精密な日本地図を作ったこと。

（シ）遺跡や文化財，地図や年表などの資料で調べ，まとめること。

　　ここでは，芝居小屋の様子や役者，名所を描いた浮世絵の作品などの資料
から，その特徴や当時の人々の様子を読み取ったり，『解体新書』（解剖図な
ど）や精密に描かれた日本地図などの資料，学問の発展に尽くした人物のエ
ピソードなどから必要な情報を読み取り，その成果や意義などを調べていく。
またそれらを表に表したり，文章で表したりするなどして，まとめる技能を
身に付けるようにする。絵や地図，書物等，取り上げた文化や学問について
解説を書くなどの学習活動も考えられる。

イ　思考力，判断力，表現力等の育成

　　ここでは，人物の働きや代表的な文化遺産として，近松門左衛門，歌川広

重らによる「歌舞伎や浮世絵」，杉田玄白や本居宣長，伊能忠敬らによる「国学や蘭学」に着目して具体的に調べ，それらの事象を関連付けたり総合したりして，この頃に栄えた町人の文化や新しい学問を生み出した人物の業績を考え，それらを表や文章，あるいは瓦版などのような作品にして表現できるようにする。また，考えを深める場面では，文化や学問が当時の人々や社会に与えた影響を考える学習活動を工夫したい。例えば，文化を楽しむ人々の様子などから，この頃の文化が町人の間に広がったことを捉えたり，国学や蘭学の発達が人々の生活や社会にどのような影響を与えたかを考えたりすることが考えられる。

●小単元の学習問題と手掛かりとなる事象を調べる際の問いの例

○小単元の学習問題の例

　・江戸時代にはどのような文化や学問が生まれたのだろう
　・江戸時代には文化や学問の面でどのような人が活躍したのだろう

など

○手掛かりとなる事象を調べる際の問いの例

【歌舞伎や浮世絵】

　・歌舞伎や浮世絵は人々にどのように親しまれたのか
　・歌舞伎や浮世絵ではどのような人が活躍したか

【国学や蘭学】

　・この頃はどのような背景からどのような学問が誕生したか
　・蘭学はどのような学問で社会にどのような影響を与えたか
　・国学はどのような学問で社会にどのような影響を与えたか

など

（中田　正弘）

2章　「第2　各学年の目標及び内容」のポイントと解説　● 111

ア　知識及び技能の習得

(ケ) 黒船の来航，廃藩置県や四民平等などの改革，文明開化などを手掛かり
　　に，我が国が明治維新を機に欧米の文化を取り入れつつ近代化を進めたこ
　　とを理解すること。

　　ここでは，幕末から明治の初めの頃，我が国が明治維新を機に欧米の文化
を取り入れつつ近代化を進めたことを理解できるようにする。具体的には，
「黒船の来航」「廃藩置県や四民平等などの改革」「文明開化」を取り上げ，
以下のことを手掛かりに理解できるようにする。

黒船の来航　1853年，ペリーが4隻の軍艦を率いて浦賀に来航し，開国を要
求したことをきっかけに我が国が開国したこと，勝海舟と西郷隆盛との話し
合いにより江戸城の明け渡しが行われたことなどが分かること。

廃藩置県や四民平等などの改革　西郷隆盛，大久保利通，木戸孝允らの働き
により天皇を中心とした明治新政府がつくられたこと，1868年には新しい政
治の方針を定めた五箇条の御誓文が発布されたこと，廃藩置県や四民平等な
どの諸改革により幕藩体制の国家から近代国家へと移行する中で，政治や社
会の仕組みが整えられていったことなどが分かること。

文明開化　欧米諸国にならった近代化の改革が進み，福沢諭吉の『学問の
すゝめ』などにより欧米の思想が紹介されるなど，ペリー来航以来，社会の
様子や政治・経済の仕組み，人々の生活が変化したことが分かること。

(シ) **遺跡や文化財，地図や年表などの資料で調べ，まとめること。**

　　ここでは，ペリーの肖像画や黒船の来航の様子，江戸末期と明治初期の日
本橋近くの様子の絵画などの資料から，当時の社会の状況や文明開化に伴う
変化などを読み取ること，西郷隆盛，大久保利通，木戸孝允などの人物のエ
ピソードや五箇条の御誓文，年表などの資料から，明治政府の諸改革につい
て読み取ることなどが考えられる。まとめについては，多くの人物が登場す
ることから，年表と関係図を用いて，主な出来事と人物の業績を関係的に表
現していくことなどが考えられる。

イ　思考力，判断力，表現力等の育成

　ここでは，世の中の様子としては，ペリー来航を契機とした開国への動き，文明開化による人々の暮らしの変化（まちの様子，服装，学校制度など）などに着目して調べ，人物の働きとしては，西郷隆盛，大久保利通，木戸孝允による新政府の樹立と，明治政府による廃藩置県や四民平等などの諸改革に着目して調べる。また，文化遺産として富岡製糸工場を取り上げ，富国強兵について調べることも考えられる。このようにして調べた事象を，関連付けたり総合したりして，この頃の政治の仕組みや世の中の様子の変化を考え，それらを表現活動につなげていく。その際，例えば「明治新政府はどのような国づくりを目指したのだろう」という問いの下に，西郷，大久保，福沢の立場からそれぞれ考え，話し合う学習活動も考えられる。

●小単元の学習問題と手掛かりとなる事象を調べる際の問いの例

○小単元の学習問題の例
・新しい国づくりはどのように進められたのだろう
・明治新政府はどのような国づくりを進めたのだろう　など

○手掛かりとなる事象を調べる際の問いの例
【黒船の来航】
・黒船が来航した頃の欧米とアジアはどのような関係にあったか
・黒船の来航は世の中にどのような影響を与えたか
・明治維新を進めた人々は黒船来航でどのような思いをもったか

【廃藩置県や四民平等などの改革】
・政府はどのような目的で様々な改革を行ったのか
・欧米に学んだ大久保利通らはどのような国を目指そうとしたか

【文明開化】
・明治時代になって人々の暮らしはどのように変わったか　など

（中田　正弘）

ア　知識及び技能の習得

(コ) **大日本帝国憲法の発布，日清^{にっしん}・日露の戦争，条約改正，科学の発展などを手掛かりに，我が国の国力が充実し国際的地位が向上したことを理解すること。**

　本項目は，明治の中・後期から大正期までの主な歴史上の事象を取り上げて調べたことを手掛かりに，この時期に我が国の国力が充実し国際的地位が向上したことを理解させるものである。具体的には，「大日本帝国憲法の発布」「日清・日露の戦争」「条約改正」「科学の発展」といった事象について調べ，以下のことを手掛かりに理解できるようにする。

・板垣退助らが議会の開設や国民の参政権の確立を目指す自由民権運動を進めたこと。

・近代国家の建設を進めるため，伊藤博文は欧米の憲法に学び，プロイセン憲法を範とする大日本帝国憲法の草案をつくり上げたこと。

・明治政府は1889年に天皇を国の元首とする大日本帝国憲法を発布し，その規定に拠り1890年には帝国議会を開設したこと。

・日本は日清・日露の戦争で勝利を収め，列強と並ぶ強国としての国際的地位を確かなものとしたこと。

・明治政府は欧米諸国と結んだ不平等条約の改正を目指し，治外法権の撤廃については陸奥宗光，関税自主権の回復については小村寿太郎の両外相の下で達成したこと。

・この時期に，野口英世や北里柴三郎らが世界的に注目される研究を行い，我が国の科学研究を大きく発展させたこと。

(シ) **遺跡や文化財，地図や年表などの資料で調べ，まとめること。**

　ここでは，帝国議会開設までの展開を年表から読み取る，日清・日露戦争前後の国際関係を図にまとめる，それぞれの戦争の経過や講和条約の内容を表にまとめるなど，調べたことをまとめ表現する技能を身に付けさせたい。

イ　思考力，判断力，表現力等の育成

ここでは，人物の働きや代表的な文化遺産として，「大日本帝国憲法の発布」「日清・日露の戦争」「条約改正」「科学の発展」において大きな働きをした板垣退助，伊藤博文，陸奥宗光，小村寿太郎，野口英世らの業績に着目して具体的に調べ，それらの事象を関連付けたり総合したりして，我が国の国力が充実し，国際的な地位が向上していった経緯を考え，それらを図表や年表，関係図にまとめたり，文章にしたりして表現できるようにする。

　考えを深める場面では，国力充実や国際的地位向上に尽力した人物の働きについて考える活動を工夫したい。例えば，伊藤博文らによって大日本帝国憲法がつくられたことの意味を考える。不平等条約の内容を踏まえながら，条約改正に成功した陸奥宗光や小村寿太郎の外交の意義を考える。野口英世や北里柴三郎などの業績を踏まえて，当時における科学の発展は我が国にとってどのような意味をもつものだったのかを考えるなどの学習を展開したい。

●小単元の学習問題と手掛かりとなる事象を調べる際の問いの例

○小単元の学習問題の例
　・日本の国力や世界の中での立場はどのように向上していったのだろう
　・日本と世界の関係はどのように変わっていったのだろう　など

○手掛かりとなる事象を調べる際の問いの例
【大日本帝国憲法の発布】
　・大日本帝国憲法は誰によってどのようにつくられたのか
　・憲法が制定されて政治はどのように変わったか

【日清・日露の戦争】
　・二つの戦争はどこでどのように行われたか
　・二つの戦争によって日本と世界の関係はどのように変わったか

【条約改正】
　・不平等条約が結ばれた頃の欧米とアジアはどのような関係にあったか
　・不平等条約はどのように改正されたか
　・不平等条約の改正に向けて日本はどのような努力をしたか

【科学の発展】
　・明治時代にはどのような人が世界で活躍したか　など

（溝口　和宏）

ア　知識及び技能の習得

(サ) 日中戦争や我が国に関わる第二次世界大戦，日本国憲法の制定，オリンピック・パラリンピックの開催などを手掛かりに，戦後我が国は民主的な国家として出発し，国民生活が向上し，国際社会の中で重要な役割を果たしてきたことを理解すること。

　　ここでは，戦前から戦後の主な歴史上の事象を取り上げて調べたことを手掛かりに，戦後我が国は民主的な国家として出発し，国民生活が向上し，国際社会の中で重要な役割を果たしてきたことを理解させる。「日中戦争や我が国に関わる第二次世界大戦」「日本国憲法の制定」「オリンピック・パラリンピックの開催」などの事象を調べ，以下のことを手掛かりに理解させる。

・満州事変以降，日本は中国や欧米諸国と15年にわたる戦争を行い，国民や戦争相手国の人々に多くの犠牲と苦しみを与えることとなったこと。

・戦争が長引き，戦場となった地域だけでなく，国内でも空爆や原爆の投下により多くの犠牲者が出た。また世の中が戦時体制に移行する中で，物や食料が不足するなど多くの人々が苦しい生活を強いられたこと。

・戦後，国民を主権者とする日本国憲法を制定し，国連加盟や講和条約で国際社会への復帰を果たすなど，平和で民主的な国づくりが目指されたこと。

・1950年代以降，高度経済成長と呼ばれる経済の発展や，東京オリンピックやパラリンピックの開催などにより，日本が大きな発展を遂げたこと。

(シ) 遺跡や文化財，地図や年表などの資料で調べ，まとめること。

　　ここでは，戦前の戦争の経過を年表で読み取ったり，文書や画像・映像の資料から暮らしの様子を読み取ったり，戦後の我が国の発展の様子を年表や図表を用いて新聞にまとめるなどして，調べたことを表現する技能を身に付けさせたい。

イ　思考力，判断力，表現力等の育成

　　ここでは，人物の働きや代表的な文化遺産として，「日中戦争や我が国に関わる第二次世界大戦」「日本国憲法の制定」「オリンピック・パラリンピッ

クの開催」に関わる主な出来事に着目して具体的に調べ，それらの事象を関連付けたり総合したりして，戦後民主的な国家として再出発した我が国が，国民生活を向上させ，国際社会の中でも重要な役割を果たしてきた経緯を，図表や年表，関係図にまとめたり，新聞や文章にしたりして表現できるようにする。

　考えを深める場面では，戦前の戦争の広がり，世の中の様子や人々の暮らしに着目し，国民生活への影響，人々が受けた被害の大きさや深刻さを考えさせたい。また戦後日本が平和で民主的な社会を築くに当たって，日本国憲法を制定したこと，国際連合に加盟し講和条約を締結したことの意味を考えたり，高度経済成長や東京大会をはじめとするオリンピック・パラリンピックの開催と，国民生活の向上との関連を考えたりする学習を展開したい。そしてこのような我が国の歴史の歩みを通して，今日の日本が国際社会での重要な役割を果たすことにつながっていることを捉えさせたい。

● 小単元の学習問題と手掛かりとなる事象を調べる際の問いの例

> [長く続いた戦争と国民生活]
> ○小単元の学習問題の例
> 　・長く続いた戦争は日本や外国にどのような影響を与えたのだろう　など
>
> ○手掛かりとなる事象を調べる際の問いの例
> 　【日中戦争や我が国に関わる第二次世界大戦】
> 　・戦争はどのようにして広がったか
> 　・戦争中，人々はどのような暮らしをしていたか
> 　・戦争はどのように終わったか　など
>
> [戦後の新しい日本]
> ○小単元の学習問題の例
> 　・戦争の後，日本の人々はどのようにして今の社会を築き上げたのだろう　など
>
> ○手掛かりとなる事象を調べる際の問いの例
> 　【日本国憲法の制定】
> 　・日本国憲法にはどのような特色があるか
> 　・日本国憲法はどのような国づくりを目指しているか
> 　【オリンピック・パラリンピックの開催】
> 　・日本はどのようにして国際社会に復帰したのか
> 　・東京オリンピック・パラリンピックの開催とともに日本はどのように発展したか
> 　・オリンピック・パラリンピックの開催を通して日本はどのように国際社会に貢献してきたか
> 　【その他】
> 　・これからの日本は国内や世界とどのように向き合っていけばよいか　など

（溝口　和宏）

特別寄稿

鎖国をめぐる動向について

　平成29年2月，次期学習指導要領の改訂案が公表されると，小学校社会科
の教科書に長年使われてきた「鎖国」に代えて「幕府の対外政策」を用いる
とする原案が大きく報道された。結局パブリックコメントの結果を受けて復
活することとなったが，鎖国をめぐる今後の動向が注目されることになろう。
そこで，ここでは鎖国に関する研究状況を，価値判断と切り離すことができ
ない歴史学の在り方と併せて紹介したい。

1 ― なぜ鎖国は使われなくなったのか

　1980年代以降の対外関係史研究の深化によって，鎖国という用語を使って
江戸時代日本の対外関係を説明する研究者は少なくなっている。今回の学習
指導要領の改訂議論も，こうした研究の深化を受けたものであったといえる
が，それらは大きく以下のA，Bに集約される。

A　鎖国という用語は，1801年オランダ通詞志筑忠雄がケンペルの著書『日
本誌』の一部を「鎖国論」として翻訳した際に新たに考案した造語であった。
従って，いわゆる寛永の鎖国令が相次いで出された17世紀には，鎖国という
用語は存在しなかったことになる。こうした史実を重視し，鎖国の代わりに
16世紀以来東アジア一帯で使われていた「海禁」を使用することが提起され
た（田中 1997）。志筑訳の「鎖国論」は写本によって広汎に拡がり，これを読
んだ人物は，確認されるだけでも，松平定信，横井小楠，平田篤胤，勝海舟，
大田南畝，本多利明，曲亭馬琴など多数に及ぶ（小堀 1974，大島 2009）。鎖
国は対外的な危機感を共有する知識人だけが知る用語であった。

　その一方で，幕府の外交交渉の過程で鎖国が祖法として認識される新しい
段階を迎える。文化元（1804）年，レザノフとの交渉について諮問された大
学頭林述斎は，新たに通信・通商の関係を取り結ぶことは「祖宗之法」によ

って禁ぜられていると答え，これが鎖国祖法観への端緒となり，18世紀以降高まる対外的な危機意識の中で，開国を拒否する論理へと概念化された（藤田 2005）。幕府が鎖国という用語を使用した初見は1853年のことであったが（荒野 1992），このように19世紀の初頭に訳出された鎖国は，その後の半世紀，開国の過程で概念化された歴史的な用語だったのである。

B　荒野泰典氏は「ごく最近まで江戸時代日本を『鎖国』と考えるのは日本人のみならず多少なりとも日本の歴史を知っている外国人にとってもいわば常識であった」と指摘し，「「四つの口」という概念は伝統的な「鎖国」観の鎖されたイメージを是正するために，30年余り前に私が提起したもの」としている（荒野 2012）。対外関係史を専門とする研究者は，東アジア世界を構成する各国の政治状況とそれらが相互に関係し合いながら変動する過程として描き，その過程の中で最終的に「四つの口」をもつ体制へと落着していったことを重視する。従来ポルトガル・オランダといった西欧を軸に進められてきた鎖国研究（岩生 1958）が東アジア世界の枠組によって相対化され，その成果がいわゆる「四つの口」論として定着していったのである。こうして鎖国下の唯一の例外として位置付けられていた長崎は，四つある対外交流の窓口の一つとして改めて位置付け直されることとなった。

　「四つの口」論を通して異国・異域との交流を図ってきた江戸時代の日本が，決して国を鎖した国際的孤立状態にあったわけではないという考えは多くの研究者によって支持され，その結果として鎖国を「幕府の対外政策」によって代替する記述となって現れたのである。

2－ 鎖国の妥当性

　しかしその一方で，パブリックコメントに多数反対意見が寄せられたように，鎖国を維持すべしとする意見も多数存在する点にも着目しなければならない。その理由として，これまでの歴史教育との連続性などといった形式的な意見はさておくとして，対外関係史の専門家にも鎖国擁護論は存在する。その代表格が山本博文氏である。山本氏は，当時の海外情報に最も通じてい

2章　「第2　各学年の目標及び内容」のポイントと解説　● 119

たオランダ通詞であった志筑が，唯一の通信の国であった朝鮮の位置付けを承知の上で，何の矛盾も感ずることなく「鎖国論」を訳出したように，「近世日本の外国との関係の仕方は，なんら『鎖国』とは矛盾しない」と指摘し，鎖国を実態概念ではなく体制概念で捉え，「四つの口」を含む江戸幕府の外交体制を鎖国と把握することを主張している（山本 1989，1995）。

3─ 歴史学の方法に根ざした鎖国擁護論

　山本氏のように「四つの口」論を前提としつつも，江戸時代日本が鎖国していたとする立場を堅持し得る根拠を別の角度から解説しよう。

a　いわゆる鎖国令が発布された17世紀段階に鎖国という言葉は確かに存在しなかった。しかし17世紀に発布された法令を，現在の立場から鎖国令と命名することは決して不当ではない。現代社会から過去を意味付ける歴史学の世界ではこうした結果論的な命名はあり得る。幕藩体制などといった言葉は江戸時代には存在しないが，江戸時代の社会体制を説明する概念としての有効性は認められている。鎖国の場合，江戸時代に生まれた用語であったために複雑になっているが，いずれにしろ鎖国を使う場合には，それが歴史的な用語なのか，歴史学上の概念なのか，両者の明確な使い分けが重要となる。

b　江戸時代の日本が「四つの口」を通して異国・異域と活発に交流していた実態を踏まえた上でも，国全体の置かれた状況を鎖国と評価することはあり得る。なぜなら，大きな歴史の流れの中で考えたとき，交流の事実がどのような役割を果たしたのか，交流の量ではなく，交流の果たした質で評価したとき，その意義が小さければ，いくら交流の実態が存在していたとしても，全体として鎖国状態にあったと評価することは可能である。例えば，鎖国下の幕府がオランダから輸入した書物を通して西欧の最新情報を盛んに摂取していたことが知られている。しかし，その知識が一部の知識人の下に蓄積され，社会の進展に資するものでなければ，いくらその情報量が多いように見えても，鎖国状態にあったという評価を下すことはあり得る。

4 おわりに

「一啓一閉は治国の要なり」。これは志筑の「鎖国論」を読了した大田南畝が記した「読鎖国論」の一節である。国を啓くか，国を閉じるか，それは国家の命運を握る重要な政治判断であるとする南畝にとって，「鎖国論」のタイトルは何の違和感もなかった。ケンペルが日本の鎖国を高く評価した背景には，宗教戦争によって荒廃したドイツの現状があったとされ，志筑が「鎖国論」を訳出した背景には南下するロシアへの警戒があった。「鎖国論」を『異人恐怖伝』として公刊を試みた平田派の国学者黒沢翁満も鎖国肯定論者であった。鎖国を論じた先人たちも現代に生きる私たちも，それぞれの社会が直面している課題に対する認識の在り方によって鎖国に対する評価が異なっているのであり，その評価によって命名の是非も影響を受ける。

学校教育の現場において鎖国の用語を使うべきか否か，その是非をめぐる議論は一義的には今後の鎖国研究の進展に拠っているのであるが，そればかりでなく，今後は国境を越えて進展するグローバリズムに対する評価からも，影響を受ける可能性を秘めている。

【参考文献】
・荒野泰典『近世日本と東アジア』（東京大学出版会，1988年）
・荒野泰典「海禁と鎖国」（『外交と戦争』東京大学出版会，1992年）
・荒野泰典「『四つの口』と長崎貿易－近世日本の国際関係再考のために－」（『東アジアの中の
　　日本の歴史～中世・近世編～』nippon.com，2012年）
　　http://www.nippon.com/ja/features/c00104/
・岩生成一『朱印船貿易史の研究』（弘文堂，1958年）
・大島明秀『「鎖国」という言説－ケンペル著・志筑忠雄訳「鎖国論」の受容史』（ミネルヴァ
　　書房，2009年）
・小堀桂一郎『鎖国の思想』（中央公論社，1974年）
・田中健夫『東アジア通交圏と国際認識』（吉川弘文館，1997年）
・藤田覚『近世後期政治史と対外関係』（東京大学出版会，2005年）
・山本博文『寛永時代』（吉川弘文館，1989年）
・山本博文『鎖国と海禁の時代』（校倉書房，1995年）

（市川　寛明）

第6学年

3 グローバル化する世界と日本の役割

ア　知識及び技能の習得

(ア) 我が国と経済や文化などの面でつながりが深い国の人々の生活は，多様であることを理解するとともに，スポーツや文化などを通して他国と交流し，異なる文化や習慣を尊重し合うことが大切であることを理解すること。

　ここでは，まず，我が国と経済や文化などの面でつながりが深い国の人々の生活は多様であることを理解させる。具体的には，「外国の文化や習慣を背景とした人々の生活の様子」を取り上げ，そこには違いがあること，その違いがその国の文化や習慣を特徴付けていることなどに基づいて，世界の人々の生活は多様であることについて理解できるようにする。

　また，スポーツや文化などを通して他国と交流することや，そうした活動を通じて異なる文化や習慣を尊重し合うことが大切であることを理解できるようにする。具体的には，「オリンピック・パラリンピックをはじめとした国際的なスポーツ交流」「様々な文化を通した国際交流」を取り上げ，それらが盛んに行われていることを基に，異なる文化や習慣を尊重し合うことの大切さについて理解させる。その際，前段の「我が国とつながりが深い国の人々の生活」に関する学習と連続性をもたせ，国や地域によって人々の生活には違いがあること，その違いが文化や習慣を特徴付けていること，そしてそれらは「交流」を通じて理解し合っていくことが相互に尊重し合うことにつながることを学習できるように工夫したい。

(イ) 我が国は，平和な世界の実現のために国際連合の一員として重要な役割を果たしたり，諸外国の発展のために援助や協力を行ったりしていることを理解すること。

ここでは，平和な世界の実現のための国際連合の役割や我が国もその一員として重要な役割を果たしたり，諸外国の発展のために援助や協力を行ったりしていることを理解できるようにする。

　具体的には，国際連合の機関であるユニセフやユネスコの活動及び我が国の国際協力などを通じて，平和な国際社会の実現のために国際連合が重要な役割を果たしていること，その一員として我が国も大切な役割を果たしていること，さらには，我が国は教育や医学，農業などの分野で積極的に国際貢献を果たしていること，今後も国際社会の平和と発展のために我が国には重要な責任と義務があることなどを基に，グローバル化する国際社会における我が国の役割について理解できるようにする。

　その際，グローバル化する国際社会という視点を大切にして学習を進めるために，地球儀や世界地図などを活用しながら，どのような課題がどこで発生しているのか，我が国の国際貢献はどのような国や地域で行われているのかと，常に視野を広げて理解していけるように学習活動を工夫したい。

(ウ) 地図帳や地球儀，各種の資料で調べ，まとめること。

　ここでは，具体的には「外国の人々の暮らしの様子」「オリンピック・パラリンピック等の国際的なスポーツ交流や文化を通じた国際交流」「国際連合の働き」「ユニセフやユネスコの活動」「地球規模で発生している課題解決に向けた連携・協力」「我が国の国際協力の様子」などが調べる対象となると考えられる。そのため，地図帳や地球儀を使って取り上げる国や地域の位置や日本との位置関係などを調べたり，広報ポスターやホームページ等を活用してユニセフやユネスコの活動の様子を調べたりすること，また，海外からの留学生やオリンピック等の国際スポーツ交流で活躍した選手や国際交流活動，国際貢献活動に参加した人などから聞き取りをすることなどが考えられる。学校のある自治体や県でも国際交流は行われているはずである。そうした取組を調べてみることも有効である。

　なお，子供の興味・関心に基づいて国や地域を選択して行う学習では，調

2章　「第2　各学年の目標及び内容」のポイントと解説　●　123

べたことを白地図や表を使ってまとめ，それを他の国を調べた友達と交流するなど学習活動を工夫するようにしたい。

イ　思考力，判断力，表現力等の育成
(ア)　外国の人々の生活の様子などに着目して，日本の文化や習慣との違いを捉え，国際交流の果たす役割を考え，表現すること。

　　ここでは，貿易や経済協力などの面，歴史や文化，スポーツの交流などの面でつながりが深い国から教師が３か国程度を取り上げ，子供が１か国を選択して学習する。その際，人々の衣服や料理，食事の習慣，住居，挨拶の仕方やマナー，子供たちの遊びや学校生活，気候や地形の特色に合わせた暮らしの様子，娯楽，国民に親しまれている行事など，外国の人々の生活の様子に着目して調べるようにする。それぞれが調べたことを総合すると，世界の国々の文化や習慣は多様であることが捉えられる。子供が調べた国について相互に交流し合う活動を取り入れるなどの工夫が大切になる。

　　このようにして調べ捉えたことと，スポーツや文化などを通して国際交流することを関連付け，異なる文化を相互に理解するために果たしている国際交流の役割を考え，それをレポートなどにまとめたり，議論したりする。2020年の東京オリンピック・パラリンピックを題材にして話し合うのもよい。

(イ)　地球規模で発生している課題の解決に向けた連携・協力などに着目して，国際連合の働きや我が国の国際協力の様子を捉え，国際社会において我が国が果たしている役割を考え，表現すること。

　　ここでは，紛争，環境破壊，飢餓，貧困，自然災害，人権等，国境を越えた課題など，地球規模で発生している課題とその解決のための連携や協力の様子などに着目して調べ，国際連合の働きや我が国の国際協力の様子を捉えるようにする。内容の取扱いに，「『国際連合の働き』については，ユニセフやユネスコの身近な活動を取り上げること」とあるのは，学習が網羅的，抽象的にならないようにするためである。このように具体的に調べたことを基

124

に，国際連合の働きと我が国の国際協力の様子を関連付け，我が国が国際社会で果たしている役割を考えるようにする。なお，安全保障はグローバル化の進展と深く関わる問題であり，今，一国だけで自らの平和と安全を維持することが難しいことなどから，その大切さに触れるようにしたい。

また，国際社会において我が国が果たしている役割を考え，表現することについては，例えば単元終末に，それまで学習してきたことを基に，理由や根拠を明確にして学級で議論する場を設けたり，国際貢献活動に参加経験のある方を招いて一緒に話し合ったりする活動を取り入れることなどが考えられる。

●単元の学習問題と追究する際の問いの例

[世界の人々の生活と国際交流の意義]
○単元の学習問題の例
・世界の国の人々と共に生きていくためにはどのようなことが必要なのだろう　など

○追究する際の問いの例
【外国の人々の生活の様子】
・世界の人々はどのような生活をしているか
・日本との共通点や違いはどこか
・スポーツや文化を通した国際交流にはどのような意味があるか
【社会への関わり方の選択・判断】
・外国の人々と共に生きていくため自分たちにできることやすべきことは何か　など

[国際連合と我が国の国際協力]
○単元の学習問題
・日本は平和な世界の実現や社会の発展のためにどのような役割を果たしているのだろう　など

○追究する際の問いの例
【地球規模で発生している課題の解決に向けた連携・協力】
・世界では国境を越えてどのような課題が発生しているか
・国際連合にはどのような役割があり，日本はどのような活動を担っているか
・地球規模で発生している課題の解決に向けて，日本はどのような協力活動や支援活動を行っているか
【社会への関わり方の選択・判断】
・グローバル化する国際社会の中で，我が国はどのような援助や協力を行っていけばよいか　など

（中田　正弘）

3章 「第3 指導計画の作成と内容の取扱い」のポイントと解説

1 指導計画の作成に当たっての配慮事項

1─ 児童の主体的・対話的で深い学びの実現を目指した授業改善

①資質・能力の育成を目指して

　社会科の指導計画の作成に当たっては，子供の主体的・対話的で深い学びの実現を目指した授業改善を進めることが求められている。

　このたびの改訂の趣旨である資質・能力，すなわち，生きて働く「知識及び技能」の習得，「思考力，判断力，表現力等」の育成，「学びに向かう力，人間性等」の涵養などを偏りなく実現していくためである。

　その際，単元など内容や時間のまとまりを見通して，問題解決への見通しをもつこと，社会的事象の見方・考え方を働かせ，事象の特色や意味などを考え概念などに関する知識を獲得すること，学習の過程や成果を振り返り学んだことを活用することなど，学習の問題を追究・解決する活動，すなわち，問題解決的な学習の充実を図ることが大切である。

　社会科に求められる資質・能力を育てるためには，社会科の特質に応じた主体的・対話的で深い学びの実現を図る必要がある。すなわち，これまで，生きて働く「知識及び技能」の習得や「思考力，判断力，表現力等」の育成を目指して授業改善を積み重ねてきた現場でのこれまでの社会科の授業研究や授業実践の成果を踏まえつつ，「主体的な学び」「対話的な学び」「深い学び」の視点から更なる改善・充実に努めることこそが必要となる。

②学習問題を追究・解決する活動を通して

　これまでの授業研究や授業実践の成果の一つが，単元など内容や時間のま

とまりを見通し，学習の問題を追究・解決する活動，すなわち，問題解決的な学習である。

　主体的・対話的な学びは，１単位時間の授業の中でその全てが実現できるというものではない。単元など内容や時間のまとまりの中で展開される問題解決的な学習の過程においてこそ，「主体的な学び」や「対話的な学び」を無理なく実現することができるのである。

　「主体的な学び」については，例えば，子供が社会的事象から学習問題を見いだし，その解決への見通しをもって取り組めるよう指導を工夫することによりそのスイッチが「ＯＮ」になる。具体的には，学習対象に対する関心を高め，問題意識を醸成していくことや，学習問題に対する予想や学習計画を立てたり，追究・解決の方法を検討したりするなどの指導を工夫することである。また，学習したことを振り返り，学びの成果を実感したり新たな問いを見いだしたりすること，さらには学んだことを自らの社会生活に活用・応用することなどにより，「主体的な学び」はパワーアップされていく。

　「対話的な学び」については，学習問題の追究・解決の様々な過程で，子供相互の話合いや討論などの活動を一層充実させていくことが必要である。また，実社会で働く人々と直接関わって対話的に学ぶ学習経験を豊かにしていくことも今後一層求められる。これらの「対話的な学び」を通して，個々の子供が多様な視点を身に付け，様々な立場から，社会的事象の特色や意味などを多角的に考えることができるようにしていくことも大切である。

③「社会的事象の見方・考え方」を働かせて「深い学び」へと導く

　主体的・対話的で深い学びの実現を目指した授業改善を進めるに当たり，特に「深い学び」へと導く上で，その鍵となるのが，各教科等の特質に応じた物事を捉える視点や方法である「見方・考え方」である。

　社会科においては，問題解決的な学習の過程で「社会的事象の見方・考え方」を働かせ，「主体的・対話的な学び」から「深い学び」へと子供を導くことが大切である。

3章　「第3　指導計画の作成と内容の取扱い」のポイントと解説 ● 127

そのためには，子供の実態や教材の特性を考慮して，子供が社会的事象の見方・考え方を働かせ，見学や調査，資料の活用を行い具体的な事実（情報）を捉えることにとどまらず，それらを基に社会的事象の特色や意味を考え，社会の中で使うことのできる応用性や汎用性のある概念などに関する知識を獲得できるよう，問題解決的な学習を展開していくことが大切である。

また，学んだことを実社会・実生活に活用する場面では，社会に見られる課題を把握して，その解決に向けて社会への関わり方を選択・判断することなどの活動を重視することも大切である。

2- 授業時数の適切な配分による 効果的な年間指導計画の作成

①4年間を見通した事例の選択と配列

社会科の指導計画を作成する際，単元ごとに妥当な授業時数を適切に配分することを通して，効果的な年間指導計画を作成することが求められる。

その一つ目の留意点は，4年間を見通した事例の選択と配列を考え，取り上げる事例に重複や偏りが生じないよう配慮することである。

例えば，第3学年の内容(2)「生産の仕事」の事例としてみかん農家の仕事を取り上げた場合，第5学年の内容(2)「食料生産」では，野菜，畜産物，水産物などの生産の中から事例を選択することが考えられる。

②授業時間数の適切な配分

二つ目の留意点は，各単元等の授業時間数を適切に配分することである。

その際，まず必要なことは，このたびの改訂で次の二つの内容に関わる取扱いの中で示された，「内容に軽重を付ける」旨の次の規定を踏まえることである。

○第3学年の内容の(1)「身近な地域や市区町村の様子」

　学年の導入で扱うこととし，アの(ｱ)については，「自分たちの市」に重点を置くよう配慮すること。

○第３学年の内容の(3)「地域の安全を守る働き」

　　アの(ア)の「緊急時に対処する体制をとっていること」と「防止に努め
　　ていること」については，火災と事故はいずれも取り上げること。その
　　際，どちらかに重点を置くなど効果的な指導を工夫すること。

　一つ目の「『自分たちの市』に重点を置く」とは，学校の周りの様子を観
察・調査する学習をこれまでよりも軽く扱い，単元全体の指導時間数を縮減
することである。

　これまで，学校の周りについては，様子の異なる複数のコースを観察・調
査し，絵地図や平面地図に表して場所による様子の違いを話し合うといった
学習が行われてきた。これを見直し，例えば，身近な地域を見学したり聞き
取り調査をしたりして情報を集める際に，目的や着目する視点を明確にして
効果的に行い，市全体の地理的環境の概要を理解する際の基礎として位置付
けるなどの工夫により，「身近な地域」よりも「市の様子」に重点を置いて
いくのである。

　二つ目の火災と事故の「どちらかに重点を置く」とは，例えば，「緊急時
の対処」については火災に重点を置き消防署の見学を通して，「未然の防止」
については事件や事故に重点を置き地域の安全施設や関係機関と地域の人々
の協力による事故防止や防犯のための活動を調査する活動を通して，学習の
問題を追究・解決していくなど，学習活動に軽重を付けることである。

　次に必要なことは，学校の置かれている地域の実態を調査し，そのよさを
積極的に生かす観点から，どの単元で，どのような特色ある学習活動を位置
付けるのかを吟味・検討することである。

　社会科では，地域の実態を生かし，観察や見学，聞き取りなどの具体的な
体験を伴う学習やそれに基づく表現活動の充実を図ることが求められている。
実社会で働く人々に直接関わって対話的に学ぶ学習も今後一層求められてく
る。そうした学習を，どの単元にどのように位置付けることがより効果的な
のかを吟味・検討し，それぞれの単元に必要な授業時間数を割り出すのであ
る。

３章　「第３　指導計画の作成と内容の取扱い」のポイントと解説　●　129

3 47都道府県，主な大陸や海洋の名称と 位置を身に付ける指導の工夫

①学習内容と関連付けた指導を通して

　新学習指導要領では，小学校卒業までに，我が国の47都道府県の名称と位置，世界の大陸と海洋の名称と位置を確実に身に付け，活用できるようにすることを求めている。その際，ドリル的な暗記を強いるのではなく，学習内容と関連付けながら，その都度，地図帳や地球儀などを使って確認することが大切である。具体的には，次のような学習が考えられる。

　47都道府県の名称と位置については，まず，第4学年の内容の(1)「都道府県の様子」の学習において我が国が47の都道府県によって構成されていることや，それぞれの都道府県の名称と位置を地図帳で確かめ，日本地図（白地図）上で位置を指摘できるようにする。さらに，その後の学習において，様々な都道府県が登場するたびに，自分たちの県との位置関係などを地図帳で確認する。

　世界の大陸と海洋の名称と位置については，まず，第5学年の内容の(1)「我が国の国土の様子と国民生活」の学習において世界の大陸や主な海洋の位置や広がり，それらと我が国の国土との位置関係を地図帳や地球儀で確認する。加えて，その後の学習において世界の大陸や主な海洋が登場するたびに，我が国の国土との位置関係などを地図帳や地球儀で確認する。

②地図帳や地球儀などを効果的に活用して

　前述①の学習場面では，個々の子供が，その都度地図帳や地球儀で位置や位置関係などを確認したり，学習した事柄を日本地図（白地図）や世界地図（白地図）に整理したりすることが大切である。

　教室環境を工夫し，教室に日本の都道府県を表す地図を常掲したり，地球儀を常備したりして，活用を促すことも効果的である。

　なお，そうした学習を行うためには，学校として一定程度の数の地球儀を

備えておくことが前提条件であることはいうまでもない。

4－ 障害のある児童などに対する指導・支援の充実

①個々の児童の困難さに応じた指導内容や指導方法の工夫

　インクルーシブ教育システムの構築を目指し，通常の学級，通級による指導，特別支援学級，特別支援学校において，子供の十分な学びを確保し，一人一人の障害の状態や発達の段階に応じた指導や支援を一層充実させていくことが今後ますます重要になる。

　これを踏まえ，このたびの改訂では，学習活動を行う場合に生じる困難さ，例えば，見えにくさ，聞こえにくさ，発音のしにくさ，注意の集中を持続することが苦手であることなどが，それぞれ異なることに留意し，個々の子供の困難さに応じた指導内容や指導方法を工夫することを求めている。

②社会科で想定される困難な場面と配慮の手立て

　上記①に対して，社会科では，次の点に留意した指導を心がけるとともに，個別の指導計画を作成して必要な配慮事項を記載し，翌年度の担任等に引き継いだりすることが必要である。

・地図等の資料から必要な情報を見つけ出したり，読み取ったりすることが困難な場合➡地図等の情報を拡大したり見る範囲を限定したりして，読み取りやすくする。掲載されている情報を精選し，視点を明確にする。

・社会的事象に興味・関心がもてない場合➡具体的な体験や作業などを取り入れる。

・学習問題に気付くことが難しい場合➡写真や映像などの資料や発問を工夫して，社会的事象を読み取りやすくする。

・予想を立てることが困難な場合➡見通しがもてるようヒントになる事実をカード等に整理し，学習の順序を考えられるようにする。

・情報収集や考察，まとめの場面において，考える際の視点が定まらない場合➡見本を示したワークシートを作成し，活用する。

3章 「第3　指導計画の作成と内容の取扱い」のポイントと解説 ● 131

5－ 社会科の特質に応じた道徳に関する適切な指導

①社会科と道徳教育との関連を意識した適切な指導

　学習指導要領総則では，道徳教育について，道徳科を要として学校の教育活動全体を通じて行うものであり，道徳科はもとより各教科等の特質に応じて適切な指導を行うことを求めている。社会科の指導計画作成に当たっては，そのことを踏まえ，道徳教育との関連を意識した指導を行う必要がある。

　その一つ目のポイントは教科や学年の目標レベルから見た相互関連を意識できるように配慮することである。

　例えば，社会科において「地域や我が国の歴史や伝統と文化を通して社会生活について理解することや，多角的な思考や理解を通して，地域社会に対する誇りと愛情，我が国の国土と歴史に対する愛情を涵養する」ことが，道徳教育の「伝統や文化の尊重，国や郷土を愛する態度」に関する内容と密接に関係している。それを意識した指導を行えるよう配慮することである。

②社会科と道徳科の相互関連を意識した指導の工夫

　二つ目のポイントは，道徳教育の要である道徳科との指導レベルでの相互関連を工夫することである。

　指導レベルでの相互関連とは，その一つが，社会科で扱った内容や教材，例えば，地域の発展に尽くした先人の働きの事例などが，道徳科においても効果的な活用が見込まれる場合，それを指導計画に位置付けて活用することである。いま一つが，道徳科で取り上げたことに関係のある内容や教材，例えば，国際理解，国際親善に関する内容で扱った偉人の生き方などを社会科においても意図的に取り上げることである。

　そうした相互関連を図る指導を効果的に行うためには，社会科の年間指導計画を作成する際，道徳教育の全体計画との関連，指導の内容や時期などに配慮するなど，共に効果を高め合うことができるよう工夫する必要がある。

（安野　　功）

2 内容の取扱いについての配慮事項

　学習指導要領「第3　指導計画の作成と内容の取扱い」の2（内容の取扱いについての配慮事項。以下「配慮事項」）には，(1)①地域の実態を生かした学習，②具体的な体験を伴う学習や表現活動，③言語活動に関わる学習，(2)図書館やコンピュータ，地図帳の活用，(3)博物館や資料館等の活用，(4)多角的に考え，事実を客観的に捉え，公正に判断，などの観点から配慮事項が示されている。ここでは，それぞれの事項で挙げられている学習を進めるねらいや指導上の留意点について解説したい。

1 ─ 地域の実態を生かした学習

①「地域の実態を生かした学習」とは

　「配慮事項」の(1)の前半には，「各学校においては，地域の実態を生かし，児童が興味・関心をもって学習に取り組めるようにする」と示されている（下線は筆者）。

　「地域の実態を生かした学習」とは，地域の素材を教材化すること，地域に学習の場を設けること，地域の人材を積極的に活用することなど，各学校が創意工夫しながら行う地域に密着した特色ある学習のことである。

　そのような学習を進めるねらいとしては，次のようなことが挙げられる。第一に，地域素材を通して学んだり，地域の施設を活用したり，地域の人々と直接関わって学んだりすることによって，子供が興味・関心をもって社会科学習に取り組めることである。第二に，地域に学習の場を設けることによって，観察や見学，聞き取りなどの具体的な体験を伴う学習やそれに基づく多様な表現活動が展開できることである。第三に，地域を学ぶ，地域で学ぶことを通して，子供が地域社会への理解を一層深め，地域社会に対する誇り

3章　「第3　指導計画の作成と内容の取扱い」のポイントと解説 ● 133

と愛情を育むことができることである。

② 「地域の実態を生かした学習」の指導上の留意点

「地域の実態を生かした学習」の指導計画を作成したり，指導したりする際には，次のようなことに留意する必要がある。

第一に，教師自身が学校の置かれている地域の特性などの実態把握をしながら地域素材を教材化することである。具体的には，学習のねらいを達成するための効果的な教材，子供が興味・関心をもって学習に取り組むことができる具体的な教材，地域の人々が工夫・努力しながら問題解決を行っている姿から学べる地域密着型の教材などである。第二に，地域の施設や関係者からの具体的な協力を明確にしながら，それらの施設利用や地域の人々と関わって学ぶ学習活動を指導計画に適切に位置付けることである。第三に，地域の特性を生かした学習は全学年の社会科学習において求められるが，第5学年及び第6学年は我が国の国土や産業，政治，歴史などについての理解を深めることが目標であることから，地域教材を取り上げた学習にとどまることのないよう指導計画を工夫することである。

2— 具体的な体験を伴う学習や表現活動

① 「具体的な体験を伴う学習や表現活動」とは

「配慮事項」の(1)の前半には，「観察や見学，聞き取りなどの調査活動を含む具体的な体験を伴う学習やそれに基づく表現活動の一層の充実を図ること」と示されている。

「具体的な体験を伴う学習や表現活動」とは，実物や本物を直接見たり触れたりする観察，博物館や資料館などの施設や現地での見学，関係者からの聞き取りや基礎的資料の調査などを通して，社会的事象を適切に把握するという調べる活動であり，調べて分かったことや考えたことを表現する活動である。そのねらいとしては，子供が興味・関心をもって学習に取り組めること，実感を伴いながら社会的事象を捉えられること，社会科の基礎的技能と

しての調べ方やまとめ方を習得できること，などが挙げられる。

② 「具体的な体験を伴う学習や表現活動」の指導上の留意点

「具体的な体験を伴う学習や表現活動」の指導計画を作成したり，指導したりする際には，次のようなことに留意する必要がある。

第一に，子供の実態や発達の段階，地域の特性を考慮した活動を適切に位置付けた指導計画を作成することである。活動としては，体験的活動（観察・調査，聞き取り，直接体験，疑似体験），表現活動（関係図づくり，報告書・レポートづくり，提案書・アピール文の作成，発表・討論，ポスターセッション，劇化），作業的活動（地図・図表・年表づくり，パンフレットやポスターづくり，新聞づくり，ものづくり），実践的活動（発表会の実施，地域行事への参加，社会奉仕活動）などが考えられる。第二に，具体的な体験を伴う学習やそれに基づく表現活動を，社会的事象の見方・考え方を働かせながら子供が思考・判断するという見通しをもった問題解決の学習過程に適切に位置付けることである。見通しをもった問題解決とは，学習問題を設定し，その答えを予想しながら問題解決のためには何を調べたらよいか，どのように調べたらよいかという調べる内容と方法を明確にした学習であり，考えるために調べる社会科の学習活動である。

3- 言語活動に関わる学習

① 「言語活動に関わる学習」とは

「配慮事項」の(1)の後半には，「社会的事象の特色や意味，社会に見られる課題などについて，多角的に考えたことや選択・判断したことを論理的に説明したり，立場や根拠を明確にして議論したりするなど言語活動に関わる学習を一層重視すること」と示されている。

「言語活動に関わる学習」には，社会的事象の見方・考え方を働かせて考察・構想したことを，他者を意識しながら説明したり，議論したりする学習がある。解説書では，説明とは「根拠や理由を明確にして，社会的事象につ

3章 「第3 指導計画の作成と内容の取扱い」のポイントと解説 ● 135

いて調べて理解したことや，それに対する自分の考えなどを論理的に説明すること」，議論とは「他者の主張につなげたり，互いの立場や根拠を明確にして討論したりして，社会的事象についての自分の考えを主張すること」と示している。そのねらいとしては，説明・議論するという表現活動を通して，資料などの読解力，論理的な思考力，公正な判断力の統一的な育成が可能になること，育成される表現力はよりよい社会を形成していく主権者として求められる資質・能力の基盤となること，などが挙げられる。

②「言語活動に関わる学習」の指導上の留意点

「言語活動に関わる学習」の指導計画を作成したり，指導したりする際には，次のようなことに留意する必要がある。

第一に，調べたことやまとめたことを基に社会的事象の特色や意味を考えたり，社会の在り方や自分の関わり方について選択・判断したりする活動を充実させることである。なぜなら，伝えたいことや友達と一緒に考えたいことといった表現したい内容の充実が結果として豊かな言語活動につながるからである。第二に，文章や図表，イラストなど説明・議論するための目的にあった表現方法を子供に選択させ，表現技能の習得を図ることである。第三に，子供の実態や発達の段階を考慮した表現活動（発表や報告，話合い，討論，ディベート）を適切に位置付けた指導計画を作成することである。第四に，発表や報告，話合いや討論といった言語による表現活動を行うためのマナーやルールについての学習技能を身に付けさせることである。

4- 図書館やコンピュータ，地図帳の活用

①「図書館やコンピュータ，地図帳の活用」とは

「配慮事項」の(2)には，「学校図書館や公共図書館，コンピュータなどを活用して，情報の収集やまとめなどを行うようにすること。また，全ての学年において，地図帳を活用すること」と示されている。

「図書館やコンピュータ，地図帳の活用」とは，学校図書館や公立図書館

などの学習環境やコンピュータ，地図帳，地球儀などの教材・教具を活用できるように配慮することである。そのねらいとしては，問題解決に必要な資料を学校図書館などの施設やコンピュータなどを活用しながら収集したり，考えたことを発信したりする活動を行うことで，子供の主体的な社会科学習が可能になること，それらの活動を通して社会の変化に自ら対応する資質・能力の基礎となる学び方や調べ方を習得できること，などが挙げられる。

② 「図書館やコンピュータ，地図帳の活用」の指導上の留意点

「図書館やコンピュータ，地図帳の活用」に関する指導計画を作成したり，指導したりする際には，次のようなことに留意する必要がある。

第一に，子供が学校図書館などの施設やコンピュータなどを活用しながら情報の収集，分析，加工，整理，発信することが可能な学習環境を整備することである。このような，子供が社会科学習に活用できる学校図書館には，読書センターとしての機能のほか，学習・情報センターとしての機能が求められる。第二に，問題解決的な学習過程の中に図書館やコンピュータを活用する学習場面を適切に位置付けた指導計画を作成することである。第三に，第3学年から配布される地図帳は，位置や空間の広がりの視点から社会的事象を捉える学習はもとより，時期や時間の経過（歴史的），事象や人々の相互関係（社会的）などに着目する学習においても活用しながら，全学年を通して繰り返し指導することである。その際に，地図帳の索引の引き方や統計資料の活用の仕方など，問題解決のために活用する技能を子供の発達段階に応じて系統的，段階的に育成することが必要である。

5─ 博物館や資料館等の活用

① 「博物館や資料館等の活用」とは

「配慮事項」の(3)には，「博物館や資料館などの施設の活用を図るとともに，身近な地域及び国土の遺跡や文化財などについての調査活動を取り入れるようにすること。また，内容に関わる専門家や関係者，関係の諸機関との

連携を図るようにすること」と示されている。

「博物館や資料館等の活用」とは，生涯学習の基盤づくりという観点から，社会科の学習において，国や地方公共団体，企業などによって整備が進められている博物館や保存・管理されている遺跡や文化財などの施設の活用を図ることである。そのねらいとしては，地域にある博物館等の教育的な施設を活用することによって，子供の知的好奇心や学習意欲が高まり，主体的な学習や学習の深化が図れること，実物や本物に触れることによって実感を伴った学習が可能であること，施設の活用の仕方を学ぶとともに生涯に渡って活用する態度が育つこと，などが挙げられる。

② 「博物館や資料館等の活用」の指導上の留意点

「博物館や資料館等の活用」に関する指導計画を作成したり，指導したりする際には，次のようなことに留意する必要がある。

第一に，教師自身が事前に施設見学や関係者からの聞き取り調査を行い，施設や遺跡・文化財の実情を把握することである。第二に，地域の実態に応じた博物館や資料館等を活用した学習の場を，学習のねらいを考慮しながら指導計画に位置付けることである。第三に，学習の問題を解決するための見学・調査活動の目的や方法について，子供が事前に話し合い明確にしておくことである。第四に，見学・調査で分かったことを多様な方法でまとめる表現活動を行うことである。第五に，特別活動の遠足・集団宿泊的行事や総合的な学習の時間における活動と関連付けた効果的な指導計画を立てることである。

6- 多角的に考え，事実を客観的に捉え，公正に判断

① 「多角的に考え，事実を客観的に捉え，公正に判断」とは

「配慮事項」の(4)には，「児童の発達の段階を考慮し，社会的事象については，児童の考えが深まるよう様々な見解を提示するよう配慮し，多様な見解のある事柄，未確定な事柄を取り上げる場合には，有益適切な教材に基づ

いて指導するとともに，特定の事柄を強調し過ぎたり，一面的な見解を十分な配慮なく取り上げたりするなどの偏った取扱いにより，児童が多角的に考えたり，事実を客観的に捉え，公正に判断したりすることを妨げることのないよう留意すること」と示されている。

「多角的に考え，事実を客観的に捉え，公正に判断」するとは，小学校社会科における「思考力，判断力」に関わる配慮事項であり，解説にある「決して独りよがりの判断ではなく，社会的事象の意味について，複数の立場や意見を踏まえて多角的に考え，総合的に理解した上で判断すること」を指している。

そのような学習を進めるねらいとしては，次のようなことが挙げられる。第一に，社会的事象の果たしている役割やその意味・意義は，事象を捉える観点や立場によって異なるため，子供が考察・構想するには事実を客観的に捉え，多角的に考えたり，公正に判断したりすることがより一層求められることにある。第二に，このような社会的事象の捉え方が，社会科の究極的なねらいである「平和で民主的な国家及び社会の形成者に必要な公民としての資質・能力」の基礎となることにある。

②「多角的に考え，事実を客観的に捉え，公正に判断」の指導上の留意点

「多角的に考え，事実を客観的に捉え，公正に判断」する学習の指導計画を作成したり，指導したりする際には次のようなことに留意する必要がある。

第一に，取り上げる教材が一方的であったり，一面的であったりしないように，内容の構成や教材の選択を適切に行うことである。教材の選択に当たっては，資料の出典や用途，作成の経緯等を含め十分吟味した上で使用することが求められる。第二に，子供が扱う社会的事象について十分に調べる活動を行い，事実についての正確な理解ができるよう配慮することである。第三に，学習問題の解決に向けての話合いの活動を重視し，学級集団という相互作用の中で，異なる考え方をもつ子供同士が学び合うことに配慮することである。

（加藤　寿朗）

4章 社会科の新授業プラン

1 第3学年の新授業プラン

1 — 目標

社会的事象の見方・考え方を働かせ，学習の問題を追究・解決する活動を通して，次のとおり資質・能力を育成することを目指す。

(1) 身近な地域や市区町村の地理的環境，地域の安全を守るための諸活動や地域の産業と消費生活の様子，地域の様子の移り変わりについて，人々の生活との関連を踏まえて理解するとともに，調査活動，地図帳や各種の具体的資料を通して，必要な情報を調べまとめる技能を身に付けるようにする。

(2) 社会的事象の特色や相互の関連，意味を考える力，社会に見られる課題を把握して，その解決に向けて社会への関わり方を選択・判断する力，考えたことや選択・判断したことを表現する力を養う。

(3) 社会的事象について，主体的に学習の問題を解決しようとする態度や，よりよい社会を考え学習したことを社会生活に生かそうとする態度を養うとともに，思考や理解を通して，地域社会に対する誇りと愛情，地域社会の一員としての自覚を養う。

2 — 内容と単元配列例

	学習指導要領の内容	単元名（例）	時数
(1)	身近な地域や市区町村の様子	学校の周りや○○市の様子	16
(2)	地域に見られる生産や販売の仕事	ものを作る仕事とわたしたちのくらし	10
		ものを売る仕事とわたしたちのくらし	10
(3)	地域の安全を守る働き	火事からくらしを守る消防署	10
		事故からくらしを守る警察署	7
(4)	市の様子の移り変わり	○○市（区町村）の移り変わり	17

140

3−単元の指導計画例❶

①単元名「学校の周りや○○市の様子」（全16時間）

②単元の目標

○学校の周りや市の様子について，県における市の位置，市の地形や土地利用，交通の広がり，主な公共施設の場所と働き，古くから残る建造物の分布に着目して，観察・調査したり地図などの資料で調べたりして白地図にまとめ，身近な地域や市の様子を捉え，場所による違いを表現することを通して，身近な地域や自分たちの市の様子を大まかに理解できるようにする。

○学校の周りや市の様子について学習問題を意欲的に追究し，地域社会の一員としての自覚をもてるようにする。

③単元について

　この単元は，自分たちが通う学校の周りを取りかかりとし，自分たちの住む市まで学習範囲を広げ，その様子について大まかに理解する内容である。

　学年の導入で学習する内容であり，市の様子については第3学年の内容(2)(3)(4)にも関わりが深く，本単元で作成した地図を後の単元でも活用するなど，学年の学習全体を意識して展開したい。

　学校の周りの様子を調べる際に着目した視点を生かして市の様子を調べるようにする。また，資料の読み取りや観察・調査などの活動を通して必要な情報を集める技能や，資料から位置や地形，広がりや分布を読み取る技能，地図記号や方位を使って調べたことを白地図にまとめる技能などを身に付けるようにすることが大切である。

　市の様子について知識の習得が求められる単元ではあるが，「なぜそこに集まっているのか」「どんな違いがあるのか」などの問いをもち，子供が見方・考え方を働かせて「場所による違い」を考えられるようにしたい。

4章　社会科の新授業プラン　●　141

④単元展開例（全16時間）

	主な 問い　　○学習活動	◇指導の手立て　　□資料
つかむ	問い　学校の屋上からは，どんなものが見えるだろう。（2時間） ○屋上から，周囲の様子を観察する。 ○分かったこと，分からないことを整理し，調べたいことを出し合う。	□白地図 ◇見つけたものを白地図に書き込むようにする。
つかむ	学習問題　わたしたちの学校の周りにはどんな場所があるのだろう。	
つかむ	○学習問題に対する予想を基に，学習計画を立てる。	◇調査に行く際の視点を明確にしておく。
調べる	○学校の周りの特徴的な場所を歩き，様子について調べる。（2時間）	◇駅前のにぎやかな場所，住宅地の広がる場所，緑の多い場所などを調べるようにする。
まとめる	○調べたことを，学校の周りの白地図に位置付け，それぞれの様子について説明する。（2時間）	◇地図記号を使うと，地図が見やすくなると実感できるようにする。
つかむ	問い　○○市はどのような様子なのだろう。（1時間） ○自分たちの住む市について，知っていることを出し合う。 ○市について，調べたいことを出し合い，学習問題を設定する。	◇学校の周りを調べて培った視点を生かせるようにする。
つかむ	学習問題　わたしたちの住む○○市は，どのような様子なのだろう。	
つかむ	○学習問題に対する予想を基に，学習計画を立てる。	◇調べる際の視点を明確にする。

142

調べる	問い ○○市はどこにあり，どのような様子なのだろう。（2時間） ○県内における市の位置，地形の様子について調べる。	□地図，写真 ◇隣接する市や位置関係，土地の高低や河川についても押さえる。
	問い 市内はどのように土地が使われ交通はどのように広がっているのだろう。（2時間） ○土地利用や交通の広がりについて調べる。	□地図，路線図 ◇主な道路や鉄道の名称についても押さえる。
	問い 市役所などの公共施設はどこにあり，どんな働きをしているのだろう。（1時間） ○公共施設の場所や働きについて調べる。	□地図，写真，利用案内パンフレット ◇多くの施設が市役所によって運営されていること，避難場所は市役所によって指定されていることについて押さえる。
	問い 古くから残るものは市内のどこにあるのだろう。（1時間） ○古くから残る建造物の分布について調べる。	□地図，写真，観光マップ
まとめる	問い 市内の様子は，場所によりどのような違いがあるのだろう。（1時間） ○調べたことを基に，市内の場所による違いを考える。	◇「駅前には，なぜ店が集まっているのだろう」など，問いを基に土地利用の様子と社会的な条件・地形条件を関連付けて考えられるようにする。
	○調べたことを白地図にまとめ，○○市の様子について説明する文章を書く。（2時間）	□白地図 ◇地図記号，八方位を用いてまとめられるようにする。

4章　社会科の新授業プラン　● 143

⑤指導上の工夫

❶主体的・対話的な学びの工夫
主体的な学びにつながる活動

　観察・調査，見学などを行い，子供たちが実感を伴った学習ができるようにする。「学校の周り」の学習では，生活科での学習経験を生かしながら学校の屋上から周囲を見渡す活動を行う。実体験を基に生まれた疑問を解決していくことは，子供たちの学習意欲を喚起し，主体的な学びにつながっていく。

　本単元は，３年生になって初めての社会科の学習内容となる。実体験を伴う活動で意欲を喚起し，社会科の学習全体への意欲につなげていきたい。

❷「見方・考え方」を働かせた深い学びの工夫
「土地利用の様子」と「社会的な条件」「地形条件」とを関連付ける

　「駅前は人がたくさん集まるから，お客さんもたくさんいるので店が多い」「大きな道路の近くは，物を運びやすいから工場が多い」など，土地利用の様子と社会的な条件・地形条件を関連付けて考えられるようにする。

　そのためには，「なぜ駅前には店が多いのだろう」「工場はどんなところにたくさんあるだろう」などの問いをもち，場所による違いの背景について追究できるようにすることが大切である。

調べたことを白地図にまとめ，場所による違いを説明する活動

　「学校の周り」「市の様子」共に，調べたことを白地図にまとめ，空間的なものの見方ができるようにする。また，地図上にまとめるだけでなく，「学校の西には大きな公園がある」「市の東側には川があり，工場が集まっている」など，学校の周りや市の様子について言葉で説明したり文章にまとめたりすることで，見方・考え方を働かせて調べたことを再構成できるようにする。

（清水　隆志）

4 - 単元の指導計画例❷

①単元名「○○区の移り変わり」（全17時間）

②単元の目標

○区や人々の生活の様子の移り変わりについて，交通や公共施設，土地利用や人口，生活の道具などの時期による違いに着目して，聞き取り調査をしたり地図などの資料を活用したりして調べて，年表などにまとめ，区や人々の生活の様子を捉え，時期ごとに比較・関連付けて考え，区や人々の生活の様子は時間の経過に伴い移り変わってきたことを理解できるようにする。

○区や人々の生活の様子の変化について学習問題を意欲的に追究し，区の発展について区民の一人として努力や協力しようとしている。

③単元について

　この単元は，区の様子の移り変わりについて，交通や公共施設，土地利用や人口，生活の道具などの時期による違いに着目し，区や人々の生活の様子が時間の経過に伴い移り変わってきたことを理解する内容である。そこで，子供が問題を追究していく時期については，各自治体の実態に応じて適切に設定し，元号を用いた言い表し方を取り上げながら示すことが大切である。

　単元展開例では，○○区の歴史を明治時代から大正時代，昭和時代前期，昭和時代中期以降，現在，未来の五つの時期に区分して，「人口」という視点を軸にしながら追究していく。また，「公共施設」については，区が人口の増加に対応して小学校の整備を進めてきたことを取り上げ，租税の役割に触れるようにした。

　「いかす」段階では，少子高齢化の問題を取り上げながらこれからの区の発展について考えさせたが，各自治体の実態に応じて，国際化などに触れ，これからの市の発展について考える活動を展開することも考えられる。

4章　社会科の新授業プラン ● 145

④単元展開例（全17時間）

	主な 問い　　○学習活動	◇指導の手立て　　□資料
つかむ	**問い** 昔の地域の様子や人々の生活の様子は、どのようなものだったのだろう。（2時間） ○昭和前期・中期・現在と時期の異なる△△通り商店街の写真を比べて、気付いたことを交流する。 ○昭和前期・中期・現在と時期の異なる人々の家の中の様子を比べて、気付いたことを交流する。	□写真「昭和前期・中期・現在の△△通り商店街」 □絵図「昭和前期・中期・現在の家の中の様子」 ◇時期による違いに目を向けるだけでなく、商店街の様子と家の中の様子の関わりにも着目できるようにする。
	学習問題 ○○区や人々の生活の様子はどのように移り変わってきたのだろう。	
	問い 大正時代までの様子と、現在の様子とでは何が変化しているのだろう。（3時間） ○明治時代から大正時代までの区や人々の暮らしの様子について調べる。 ○昭和時代以降の区の様子や人々の生活の様子の移り変わりについて予想し、学習計画をつくる。	□年表「区の歴史（明治～大正）」 □図「土地利用、鉄道路線、主要道路、小学校校区（明治）」 □地図「明治・大正・現在」 ◇大正時代までの区の様子や人々の生活の様子について、現在と比べながら調べ「交通」「公共施設」「土地利用」「人口」「道具」の視点を導き出し、学習問題について、視点に沿った根拠を基に予想を立てられるようにする。
調べる	**問い** それぞれの時期、区はどのような様子だったのだろう。 （4時間）	□年表「区の歴史（昭和前期・中期）」 □図「土地利用、鉄道路線、主要道路、小学校校区（昭和前期・中期）」

146

	○昭和前期・昭和中期以降の区の様子について調べる。 問い それぞれの時期，区の人々の生活はどのような様子だったのだろう。（4時間） ○人々の生活の様子について，生活の道具などの具体物で調べたり，聞き取り調査をしたりして調べる。	◇昭和時代を昭和前期・中期以降に分けて調べることで，時期による特徴を捉えられるようにする。 □実物「郷土資料室の生活の道具」 □聞き取り調査「家族や地域の方」 ◇生活の道具について調べるときは道具が使われた時期を明確にして調べるようにする。
ま と め る	問い 区や人々の生活の様子は，どのように移り変わってきたのだろう。（2時間） ○年表を概観して，区や人々の生活の移り変わりについて考える。	□年表「区の歴史（明治から現在）」 ◇○○区の歴史年表を概観しながら，それぞれの時期の区や人々の生活の様子について調べたことを基に考えられるようにする。
	大正時代まで，そのほとんどが農村だった○○区は，鉄道網の広がりや関東大震災，第二次世界大戦の終結がきっかけで人口が増えた。それに合わせて小学校や道路も整備され，都市化が進み，人々の生活も豊かになってきた。	
い か す	問い これからの○○区はどのようになっていくのだろう。 （2時間） ○ ○○区基本構想を基に，区が抱える少子高齢化などの課題とそれに対する九つの施策を調べる。 ○九つの施策から共感した一つを選び，これからの○○区について考える。	□グラフ「○○区将来人口推計」 □文章「○○区基本構想中高生版を小学生向けに改めた資料」

4章　社会科の新授業プラン ● 147

⑤指導上の工夫

❶主体的・対話的な学びの工夫

既習内容の活用と資料の工夫

「つかむ」段階では，1学期の学習内容「身近な地域や市区町村の様子」で見学調査した地域の写真を資料にしたり，読み取った資料と同じ形式の過去の区の様子の資料を提示したりするなどして，区や人々の生活の様子の移り変わりについて，興味や関心を高めるようにする。また，資料を読み取る中で追究の視点をつかみ，学習に見通しをもてるようにする。

「調べる」段階では，それぞれの時期について，形式に共通性のある年表や地図，図を資料として用意することで，子供が自ら資料を読み取り，協働して考えながら問題を追究できるようにする。

❷「見方・考え方」を働かせた深い学びの工夫

年表に整理してまとめる活動

区や人々の生活の様子の移り変わりについて調べていく際に，分かった事実を年表に位置付けながら整理して，それぞれの時期についてまとめる。この活動は，複数の視点から調べた事実を，時間軸を通して関連付けられるようにすることで，それぞれの時期の区や人々の生活の様子について，その特色を捉えて理解することをねらいとしている。

区の発展について考える活動

ここでは，「少子高齢化」という課題を抱えたこれからの〇〇区について，区や人々の生活の様子の移り変わりについて学んできたことを基に，〇〇区基本構想と関連付けながら考える。この活動は，よりよい社会を考え学習したことを社会生活に生かそうとする態度を養うとともに，地域社会の一員としての自覚を養うことにもつながる。

（吉岡　泰志）

2 第4学年の新授業プラン

1 — 目標

　社会的事象の見方・考え方を働かせ，学習の問題を追究・解決する活動を通して，次のとおり資質・能力を育成することを目指す。

(1) 自分たちの都道府県の地理的環境の特色，地域の人々の健康と生活環境を支える働きや自然災害から地域の安全を守るための諸活動，地域の伝統と文化や地域の発展に尽くした先人の働きなどについて，人々の生活との関連を踏まえて理解するとともに，調査活動，地図帳や各種の具体的資料を通して，必要な情報を調べまとめる技能を身に付けるようにする。

(2) 社会的事象の特色や相互の関連，意味を考える力，社会に見られる課題を把握して，その解決に向けて社会への関わり方を選択・判断する力，考えたことや選択・判断したことを表現する力を養う。

(3) 社会的事象について，主体的に学習の問題を解決しようとする態度や，よりよい社会を考え学習したことを社会生活に生かそうとする態度を養うとともに，思考や理解を通して，地域社会に対する誇りと愛情，地域社会の一員としての自覚を養う。

2 — 内容と単元配列例

	学習指導要領の内容	単元名（例）	時数
(1)	都道府県の様子	○○県の様子	7
(2)	人々の健康や生活環境を支える事業	私たちの生活を支える水（電気，ガス）	10
		ごみ（下水）の処理と再利用	10
(3)	自然災害から人々を守る活動	自然災害から人々のくらしを守る	10
(4)	県内の伝統や文化，先人の働き	県内の文化財や年中行事	10
		地域の発展に尽くした先人の働き	10
(5)	県内の特色ある地域の様子	地場産業が盛んな地域	10
		国際交流に取り組んでいる地域	10
		自然環境（伝統的な文化）を保護・活用している地域	10
		私たちが住んでいる県	3

4章　社会科の新授業プラン　●　149

3－単元の指導計画例❶

①単元名「自然災害から人々のくらしを守る」(全10時間)

②単元の目標

○自然災害から人々を守る活動について，関東大震災，災害時の関係機関の協力などに着目して，聞き取り調査をしたり地図や年表などの資料で調べたりしてまとめ，災害から人々を守る活動を捉え，その働きと関連付けて考え，東京都の関係機関や人々は，災害に対し様々な協力をして対処してきたことや，今後想定される災害に対し，様々な備えをしていることを理解できるようにする。

○自然災害から人々を守る活動について学習問題を意欲的に追究し，地域の一員として実践できるようにする。

③単元について

　この単元は，過去に発生した地域の自然災害，関係機関の協力などに着目して，地域の関係機関や人々は，自然災害に対して様々な協力をして対処してきたことや，今後想定される災害に対して様々な備えをしていることを理解する内容である。

　ここでは，地域における自然災害について，過去に東京都で発生した地震災害を取り上げる。関係機関については，都庁や市役所の働きなどを中心に取り上げ，防災情報の発信，避難体制の確保などの働き，自衛隊など国の機関との関わりを取り上げる。その際，都庁や市役所が，消防署や警察署はもとより我が国の人々の安全を守ることを任務とする自衛隊など国の関係機関とも連携，協力していることに気付かせるようにする。

　また，地域で起こり得る災害を想定し，災害時に自分自身の安全を守る行動の仕方を考えたり，自分たちにできる自然災害への備えを選択・判断したりできるよう配慮する。

150

④単元展開例（全10時間）

	主な 問い　○学習活動	◇指導の手立て　□資料
つかむ	問い　東京都ではどのような災害が起きているのだろう。 （2時間） ○これまでに発生した様々な自然災害の種類と被害の様子をつかむ。 ○地震災害は東京都で今後も起きる可能性が高いことから，地震への備えに着目し，疑問を出し合う。	□写真「都内で起きた過去の災害」 □地図・年表「東京都で起きた自然災害」 ◇東京都でも地震，洪水，土砂崩れなどの自然災害が繰り返し発生していることを押さえる。 □新聞記事「首都直下地震」
	学習問題　地震災害から命やくらしを守るために，都や市，地域ではどのような取組をしているのだろう。	
	○学習問題に対する予想を基に，学習計画を立てる。	
調べる	問い　都ではどのような取組をしているのだろう。（2時間） ○これまでの地震災害の被害の様子や過去の地震発生時の対処について調べる。 ○都の防災計画や対策を調べる。	□写真・文章「関東大震災」 □冊子「東京都防災ガイドブック」 ◇過去の災害を基に震災への対処や対策をしてきたことを押さえる。
	問い　市ではどのような取組をしているのだろう。（2時間） ○防災マップから小金井市の取組をグループで相談しながら，読み取り，発表し合う。	□地図「小金井市防災マップ」 □話「小金井市役所の方の話」 □お知らせ「小金井安心・安全メールのお知らせ」 ◇情報の流れを図に整理して，子供

4章　社会科の新授業プラン ● 151

	○市役所の方の話から，小金井市の取組を聞き取る。 ○情報の伝達について調べ，図に整理して，まとめる。 問い 地域の人々はどのような取組をしているのだろう。 （2時間） ○地域の方から，取り組みの様子を聞き取る。	が捉えやすくする。 □話「自主防災組織の方の話」 □映像「東京防災隣組ＤＶＤ」 □グラフ「阪神淡路大震災救出者内訳」 ◇取組の課題も押さえる。
ま と め る	問い 地震災害から命やくらしを守るために都や市，地域の人々はどのような協力をしているといえるだろう。 （1時間） ○学習問題を振り返り，災害から命やくらしを守るための都や市・地域・自分の取組を線で結び関係を考え，自分なりの考えを図と言葉でまとめる。	◇都庁や市役所，消防署や警察署，気象庁，消防団，地域の人，自分などを関係図に整理し，学習問題に対する自分の考えを文章で表すようにする。 ◇常に必要な備えをしていることや被害が広範囲にわたる震災では，市が都や国，自衛隊とも連携していることを押さえる。
い か す	問い いつ発生するか分からない自然災害に備え，わたしたちに何ができるだろう。 （1時間） ○学級防災会議を開き，自分たちにできることについて考え話し合う。	□カード「わたしの防災宣言」 ◇学習を振り返り考えをまとめることができるようにする。 ◇今後起きる可能性がある地震に備え，地域の一員として自分にできることを考え，選択・判断できるようにする。

⑤指導上の工夫

❶主体的・対話的な学びの工夫
対話的に学べる場・時間の設定

　「調べる」「まとめる」「いかす」それぞれの段階に，お互いが調べたことや考えたことを交流する場を設定し，自分の考えを深めることができるようにする。

　交流の場や時間を設定するときには，問いが明確になっているかを重視する。調べる段階では「小金井市防災マップ」から「何のための取組か」を読み取ること，また，まとめる段階では「どのような協力関係か」を，さらに，いかす段階では「自分たちにできる自然災害への備えは何か」をそれぞれ考えるようにする。

❷「見方・考え方」を働かせた深い学びの工夫
関係図にまとめる活動

　東京都の取組，小金井市の取組，地域の人々の取組について追究してきたことを基に，関係機関相互の関係と，それらと自分たちとの関係を図に整理する。この活動は，追究してきたことを整理して，関係図を使って考えを再構成することと，関係図を使って自分の考えを文章で記述し説明することをねらっている。また，関係図作成後にグループで説明会を設定し，関係図を使って自分の考えを自分の言葉で説明したり，考えを交流したりして自分の考えを再度練り直す時間をとる。

「防災宣言」に自分の考えをまとめる活動

　ここでは，これまで学習してきたことを基に自分自身の安全を守るための行動の仕方を考えたり，自分たちにできる自然災害への備えを選択・判断したりして，「防災宣言」という形でまとめる。ここでは，「いつ発生するか分からない自然災害に備え，わたしたちに何ができるだろう」という自分事の問いに対して考えをまとめるようにする。

（小倉　勝登）

4－単元の指導計画例❷

①単元名「国際交流に取り組んでいる地域」（全10時間）

②単元の目標
○地理的な位置，人々の活動の歴史的背景，人々の協力関係などに着目して，地図帳や各種の資料で調べて白地図などにまとめ，国際交流に取り組んでいる仙台市の様子を捉え，取組の様子や変遷，人々の協力の様子を関連付けて考え，表現することを通して，仙台市では人々が協力し，特色あるまちづくりや観光などの産業の発展に努めていることを理解できるようにする。
○学習問題を意欲的に追究し，特色ある地域のまちづくりや観光などの産業の発展について考えようとする態度を養う。

③単元について
　この単元は，特色ある地域の位置や自然環境，人々の活動や産業の歴史的背景，人々の協力関係に着目して，県内の特色ある地域では，人々が協力して特色あるまちづくりや観光などの産業の発展に努めていることを理解する内容である。

　ここでは，県内の特色ある地域として，国際交流に取り組む宮城県仙台市を取り上げる。仙台市では，姉妹都市提携などを結び，外国の都市と様々な交流を行っていることや，国際都市を目指して市内で外国人との交流活動を行っていることなどについて追究する。その際，自分たちの住んでいる市と比較しながら，仙台市の特色を捉えられるよう配慮する必要がある。

　また，外国を取り上げる際には，我が国や外国には国旗があることを理解できるようにし，それを尊重する態度を養えるよう配慮する。その際，取り上げた外国の名称と位置，国旗を地図帳で確認することなどを通して指導する。

④単元展開例（全10時間）

	主な問い　○学習活動	◇指導の手立て　□資料
つかむ	**問い**　仙台市では，どのくらいの外国人が生活しているのだろう。 　　　　　　　　　　（2時間） ○地球フェスタの様子や統計資料から仙台市在住の外国人の数や国について調べる。 ○調べたことや市役所の方の話から，仙台市の様子に着目し，疑問を話し合う。	□写真「地球フェスタ（交流行事）」 □統計資料「仙台市在住外国人数」 □文章「市役所の方の話」 ◇仙台市在住の外国人の国の位置を確かめ，仙台市と世界のつながりを捉えることができるようにする。 ◇資料や話から，仙台市は100人に1人が外国人であることをつかむ。
	学習問題　仙台市では，どんな交流や取組を行い，外国の人々と共に暮らすためにどんなまちづくりをしているのだろう。	
	○学習問題に対する予想を基に，学習計画を立てる。	
調べる	**問い**　市ではどんな交流や取組をしているのだろう。　（2時間） ○姉妹都市等の交流活動や国際会議，行事（スポーツ）などの取組について調べる。	□パンフレット・ホームページ（仙台市） □文章資料「市役所の方の話」 □写真「姉妹都市」「防災会議」 □年表「国際交流年表」 ◇交流や取組の様子だけではなく，いつから始まったのかや，外国の名称と位置，国旗なども捉えられるようにする。
	問い　SenTIAはどのような取組をしているのだろう。　（2時間）	□パンフレット（SenTIA発行） □写真「防災ビデオ・ラジオ放送」

4章　社会科の新授業プラン　● 155

	○市と協力して交流活動をしている SenTIA の取組について調べる。 ○留学生委員の方の取組について調べる。	□ゲストティーチャーの話「留学生委員・SenTIA 職員」 ◇ゲストティーチャーの話から，支援だけではなく，共生の取組をしていることをつかむ。
	問い 地域の人々はどんな取組をしているのだろう。　（1時間） ○地域の方の話や写真，かわら版などの資料から，地域の取組の様子を調べる。	□文章資料「町内会の方の話」 □新聞「SenTIA 発行かわら版」 ◇話や資料から地域でも外国人と交流に取り組んでいることを知る。
	問い なぜ外国人が炊き出しや清掃をしているのだろう。（1時間） ○外国人と地域の方の活動の意味について考える。	□新聞「SenTIA 発行かわら版」 □話「SenTIA の方の話」 □写真「東日本大震災被害の様子」 ◇交流だけでなく共生を目指していることを捉えられるようにする。
まとめる	問い 国際交流に取り組む仙台市にはどんな特色があるのだろう。 　　　　　　　　　　（2時間） ○調べてきたことを整理して仙台市の国際交流の活動や取組についてまとめ，仙台市の特色について考える。 ○自分の考えをまとめ，国際交流に取り組む仙台市の特色について話し合う。	◇これまでの活動や取組を関連付けて整理し，図で整理したり，年表に整理したりして，取組の全体像をつかめるようにする。 ◇仙台市の特色を考える際には，自分たちが住んでいる地域と比較して考えるように促す。 ◇活動する人々の願いや思いと活動を結び付けて考えるように促す。 ◇人々が協力して，特色あるまちづくりをしているということを押さえる。

⑤指導上の工夫

❶主体的・対話的な学びの工夫

交流活動に取り組む人々との対話

　この単元では，特色ある地域の様子を捉えるために，交流活動に取り組む人々の思いや願い，働きを追究していくことが中心となる。例えば，市役所の方，SenTIAの方，町内会の方，留学生委員や在住外国人の方など，立場も取組も違う方々が授業の中に登場する。その方々の取組内容や活動の意味はもちろん，思いや願いについても聞き取れるようにすることが大切である。そのためには，ゲストティーチャーに直接話を聞く活動や，メールや手紙，TV電話の活用などを意図的，計画的に位置付け，追究段階で疑問について直接やりとりする中で解決できるようにしたい。

❷「見方・考え方」を働かせた深い学びの工夫

交流活動の変化を読み取る

　仙台市では，姉妹都市提携などによる交流の段階から，市や団体が協力して外国人支援を行う段階，そして，在住外国人と共生するまちづくりの段階へと変化してきている。それぞれの取組を調べ，整理する中で，交流活動の変化とまちの変化を関連付けて捉えさせるようにしたい。

　このような変化の読み取りを通して，人々が，国際交流に取り組む特色あるまちづくりをしていることを考えさせたい。

自分たちが住む地域と比較する

　ここでは，取り上げた地域の様子を調べ，特色について考える学習展開の中で，常に自分たちが住んでいる地域と比較しながら考えさせたい。その地域のことだけを調べていても，特色は分からない。自分たちの住んでいる地域と比較することで，その地域の特色が見えてくるからである。自分の住んでいる地域との相違点や共通点などを考えさせてみてもよい。

（小倉　勝登）

3 第5学年の新授業プラン

1 －目標

社会的事象の見方・考え方を働かせ，学習の問題を追究・解決する活動を通して，次のとおり資質・能力を育成することを目指す。
(1) 我が国の国土の地理的環境の特色や産業の現状，社会の情報化と産業の関わりについて，国民生活との関連を踏まえて理解するとともに，地図帳や地球儀，統計などの各種の基礎的資料を通して，情報を適切に調べまとめる技能を身に付けるようにする。
(2) 社会的事象の特色や相互の関連，意味を多角的に考える力，社会に見られる課題を把握して，その解決に向けて社会への関わり方を選択・判断する力，考えたことや選択・判断したことを説明したり，それらを基に議論したりする力を養う。
(3) 社会的事象について，主体的に学習の問題を解決しようとする態度や，よりよい社会を考え学習したことを社会生活に生かそうとする態度を養うとともに，多角的な思考や理解を通して，我が国の国土に対する愛情，我が国の産業の発展を願い我が国の将来を担う国民としての自覚を養う。

2 －内容と単元配列例

	学習指導要領の内容	単元名（例）	時数
(1)	我が国の国土の様子と国民生活	世界における我が国の位置	5
		我が国の国土の地形と気候	4
		自然条件から見て特色ある地域	12
(2)	我が国の農業や水産業における食料生産	農業の盛んな地域	8
		水産業の盛んな地域	8
		我が国の食料生産	6
(3)	我が国の工業生産	我が国の工業生産	6
		工業生産に関わる人々の工夫や努力	8
		工業生産を支える貿易と運輸	7
(4)	我が国の産業と情報との関わり	情報を集め発信する産業	8
		情報を生かして発展する産業	7
(5)	我が国の国土の自然環境と国民生活との関連	我が国における自然災害	7
		森林資源の働きと国民生活との関わり	7
		公害の防止と自然環境	7

3 –単元の指導計画例❶

①単元名 「世界における我が国の位置」（全5時間）

②単元の目標

○我が国の国土の様子について，世界の大陸と主な海洋，主な国の位置，海洋に囲まれ多数の島からなる国土の構成などに着目して，地図帳や地球儀，各種の資料で調べ，我が国の国土の様子やその特色を捉え，調べたことを総合して我が国の国土の特色を考え，世界における我が国の国土の位置，国土の構成，領土の範囲などを大まかに理解できるようにする。

○我が国の国土の様子について，学習問題の解決に向けて意欲的に追究し，我が国の国土に対する愛情を養うことができるようにする。

③単元について

　この単元は，世界の大陸と主な海洋，主な国の位置，海洋に囲まれ多数の島からなる国土の構成などに着目して，我が国の国土の様子や特色を捉え，我が国の位置，国土の構成，領土の範囲などを大まかに理解する内容である。

　領土の範囲については，竹島や北方領土（歯舞群島，色丹島，国後島，択捉島），尖閣諸島を必ず取り扱い，これらは我が国の固有の領土であること，竹島や北方領土については現在，大韓民国やロシア連邦によって不法に占拠されていること，竹島について大韓民国に対し繰り返し抗議を行っていること，北方領土についてロシア連邦にその返還を求めていること，尖閣諸島については，我が国が現に有効に支配する固有の領土であり，領土問題は存在しないことに触れるようにする。その際，我が国の立場は，歴史的にも国際法上も正当であることを踏まえて指導するようにする。

　また，地図帳や地球儀を扱う際には，方位，緯度や経度などを取り扱うようにする。「主な国」については，名称や日本との位置関係，各国には国旗があることなどを指導し，国旗を尊重する態度を養うようにする。

4章　社会科の新授業プラン　●　159

④単元展開例（全5時間）

	主な 問い ○学習活動	◇指導の手立て □資料
つかむ	問い 日本は世界の中のどこにあるのだろう。（1時間） ○地図帳や地球儀を使って，日本の地理的な位置の表し方を調べる。 ○緯度や経度を使って，日本の位置を表す方法を調べる。 ○日本の地理的な位置の表し方を調べたことから，日本の国土の様子や特色に着目し，知りたいことを発表する。	□地図帳，世界地図　　□地球儀 ◇六大陸，三海洋の名称と位置や，北アメリカ大陸，南アメリカ大陸，アフリカ大陸，オーストラリア大陸やその周りに位置する国の中からそれぞれ2か国程度を選択し，国の名称や日本との位置関係を押さえる。 ◇世界における日本の位置を調べる活動を通して，日本の国土の様子や特色への関心を高める。

学習問題　わたしたちが住む日本の国土にはどんな特色があるのだろう。

○学習問題に対する予想を基に，学習計画を立てる。

	問い 日本の周りはどのような環境になっているのだろう。 （1時間） ○日本の周りにある海や国の名称や位置を調べ，白地図にまとめる。 ○日本の周りにある国や第1時で学習した国と日本の国土の面積を比べたり，日本からの方位，距離を調べたりして，白地図にまとめる。	□地図帳，世界地図　　□地球儀 □白地図 ◇日本は周囲を海に囲まれていることを押さえる。 ◇日本の周りにある国については，ユーラシア大陸等から10か国を選択する。 ◇各国には国旗があり，どの国も国旗を大切にしていることを押さえる。
調べる		

160

	問い どこまでが日本の国土なのだろう。（2時間） ○日本の国土の構成を調べ，白地図にまとめる。 ○日本の国土の北端，南端，東端，西端を調べ，白地図にまとめる。 ○沖ノ鳥島の周りを堤防で囲み，沈まないようにしている理由を調べる。	□地図帳　　　□白地図 ◇本州などの四つの島を含む，6800を超える島々から成ることを押さえる。 □写真「沖ノ鳥島」 □地図「日本の排他的経済水域」 ◇沖ノ鳥島は，日本の国土保全上極めて重要な島であることを押さえる。
	○北方領土，竹島，尖閣諸島の位置を調べ，白地図にまとめる。 ○資料や動画を通して北方領土や竹島，尖閣諸島に対する日本の立場やこれまでの歴史を知る。	◇択捉島が北方四島に含まれていることを紹介し，日本の領土をめぐる情勢に関心をもてるようにする。 □地図帳　　　□白地図 □写真「北方領土」「竹島」 　　　　　「尖閣諸島」 □日本の領土Ｑ＆Ａ（外務省ＨＰ） □動画「竹島について」「尖閣諸島について」（外務省ＨＰ） ◇北方領土，竹島，尖閣諸島は日本の固有の領土であることを押さえる。
まとめる	問い 日本の国土にはどのような特色があるといえるだろう。 （1時間） ○学習問題を振り返り，日本の国土の特色を白地図にまとめる。 ○友達と白地図を紹介し合い，日本の国土の特色についての考えを交流する。	□白地図 ◇白地図にまとめた内容を基に，学習問題に対する自分なりの考えを文章で表すようにする。

4章　社会科の新授業プラン　●　161

⑤指導上の工夫

❶主体的・対話的な学びの工夫
日本の地理的な位置の表し方を考える時間の設定

　本単元については，全5時間扱いの短い単元であることや，「我が国の領土の範囲」については，「北方領土，竹島，尖閣諸島が我が国の固有の領土であることに触れる」よう示されていることから，学習において教師の説明等が占める割合が多くなることが予想される。

　そこで，単元の導入において，「日本は世界の中のどこにあるのだろう」と問いかけ，子供が地図帳や地球儀を使って，日本の位置を正しく伝える方法を考えるようにする。そして，世界の大陸，主な海洋，主な国と日本との位置関係や，緯度や経度に着目することで，日本の正しい位置を捉えることができることに気付くようにする。

　このように，日本の地理的な位置の表し方を考える活動を通して，日本の国土の様子や特色への関心を高めることで，「わたしたちが住む日本の国土にはどんな特色があるのだろう」という学習問題を見いだし，主体的に追究できるようにしている。

❷「見方・考え方」を働かせた深い学びの工夫
白地図にまとめる活動

　調べる段階では，学習問題を基に，位置や空間的な広がりの視点から，日本の周りの環境，国土の構成，領土の範囲について追究し，分かった事実を白地図にまとめるようにする。また，北方領土，竹島，尖閣諸島の位置だけではなく，我が国の固有の領土であることについて指導する。日本の立場についても教師が触れるようにする。

　まとめの段階では，学習問題を振り返り，日本の国土の特色について，白地図にまとめたことを基に文章に記述し，説明できるようにする。

（秋田　博昭）

4—単元の指導計画例❷

①単元名「情報を生かして発展する産業
　　　　　（情報通信技術の活用とインターネット販売）」（全7時間）

②単元の目標
○我が国の産業と情報との関わりについて，情報の種類，情報の活用の仕方
　などに着目して調べてまとめ，大量の情報や情報通信技術の活用は様々な
　産業を発展させ，国民生活を向上させていることを理解できるようにする。
○産業と情報との関わりについて，学習問題の解決に向けて意欲的に追究し，
　産業の発展や情報活用の在り方に関心をもつ。

③単元について
　情報化の進展は，私たちが生活する社会の様子を大きく変化させている。
また，様々な産業の構造を大きく変化させている。
　新学習指導要領には，第5学年内容(4)において「産業と情報との関わり」
が明記された。また，内容の取扱いでは，販売，運輸，観光，医療，福祉の
五つの事例が示され，情報活用による産業の変化・発展が見えやすい事例を
教材化していくことが必要となった。これまでは，仕組みの理解にとどまり
がちで，情報の活用による社会の変化や発展，生活の向上が見えにくかった。
また，特定の地域に限定された事例が多いといった課題があった。
　ここでは，日常の消費活動と結び付けて考えることができ，他の事例と比
べて子供に関心をもたせやすいと考え，「インターネットによる販売」を取
り上げた。事前のアンケートでは，インターネットによる販売を子供が直接
利用していなくても，「家族が利用している」という回答が多数見られた。
このことからも，子供に関心をもたせやすい事例であると考えられる。また，
消費活動の変遷を調べることで，産業の変化・発展についても見えやすくな
ると考えた。

4章　社会科の新授業プラン　●　163

④単元展開例（全7時間）

	主な問い　　○学習活動	◇指導の手立て　　□資料
つかむ	○書店の数の変化とネット販売との関係について考える。 問い　販売業の変化やインターネットショッピングの様子から学習問題を立てよう。（2時間） ○インターネットショッピングについて知っていること話し合う。 ○買い物の歴史を調べる。	□グラフ「書店数の推移」「書籍の販売金額推移」 □図「小売りとレジの歴史」 □グラフ「インターネットショッピングの売り上げの推移」
	学習問題　インターネットショッピングの増加によって，販売の仕事やわたしたちの生活はどのように変化しているのだろう。	
	○学習問題に対する予想をし，学習計画を立てる。	
調べる	問い　インターネットで注文した商品はどのようにして届けられるのだろう。（1時間） ○インターネットショッピングの仕組みについて調べる。 ○代金の支払い方法について調べる。	◇実際の注文確認と発送手配のメール画面を見せることで，注文してから届くまでの時間が分かるようにする。 □総務省HP「情報通信白書 for kids」 □アマゾンジャパンHP
	問い　注文したものはどのようにして早く確実にわたしたちのもとに届くのだろう。（1時間） ○映像を見ながら倉庫の中での工夫を調べる。	□動画「物流　ロボット×AI」 □動画「アマゾン配送センター」

	○配送された荷物がどのように届くのか，映像で確認する。	
	問い インターネットで販売する人々は，消費者のニーズに応えるために，どのようなことを行っているのだろう。 （1時間） ○インターネットのショッピングサイトを見て，どんなつくりになっているのか調べ，その工夫について考える。	□アマゾン・楽天のショッピングページ ◇同商品を複数のHPで確認することで，共通点や販売会社独自の工夫に気付かせる。
	問い インターネットショッピングの便利さや課題は何だろう。 （1時間） ○実店舗とインターネットショッピングとの比較をする。 ○インターネットショッピングの課題について考える。	□図「実店舗とインターネット販売との比較」 □グラフ「インターネットショッピングの利用状況」 ◇インターネットを利用しない理由＝ネット販売の課題であることに気付かせる。
まとめる	問い これまでの学習を振り返って，学習問題の答えをまとめよう。 （1時間） ○これまでの学習内容を振り返る。 ○ショッピングの未来像を考える。 ○販売の仕事や私たちの生活がどのように変化しているのかをまとめる。	□図「近未来のワイヤレスサービスの利活用イメージ」 ◇インターネットショッピングの増加による産業の変化と私たちの生活の変化について触れる。

4章　社会科の新授業プラン ● 165

⑤指導上の工夫

❶主体的・対話的な学びの工夫

「つかむ」段階では「インターネットショッピングについて知っていること」を話し合うことで，日常生活と結び付けて事象を捉える。また，その中で出た子供の疑問「どうやって早く確実に届けているのか」を「調べる」段階で取り上げ，自ら問題解決を図れるようにする。また，買い物の歴史を調べるときには「どのように変化しているのか」に着目して考えを出し合う活動を行う。

「調べる」段階では，お互いが調べたことや考えたことを交流する場を設定し，自分の考えを深めることができるようにする。その際，問いを明確にする。「注文したものはどのようにして早く確実にわたしたちのもとに届くのか」「インターネットで販売する人々は，消費者のニーズに応えるために，どのようなことを行っているのか」については，それぞれがＨＰで調べたことを互いに確認し合う活動を行う。

❷「見方・考え方」を働かせた深い学びの工夫

「つかむ」段階では，「書店数は減っているのに，書籍の販売金額が増えているのはなぜか」という疑問を引き出し，大量の情報活用（インターネット）が関係しているという課題意識をもつことができるようにする。

「調べる」段階では，インターネットショッピングの仕組みを理解することで，「産業の変化」に触れる。そして，子供の疑問でもあった「どうやって早く確実に届けているのか」という点について，映像等を使用して調べる。また，情報提供の工夫についても調べることで，「大量の情報活用」や「国民生活の向上」に関する考えをもつことができるようにする。

「まとめる」段階では，これまでの学習や，ショッピングの未来像の図から「情報活用の在り方」について考えられるようにする。また，単に「便利になった」ということだけでなく，個人情報の保護の重要性などについても触れるようにする。

(城崎　武士)

4 第6学年の新授業プラン

1 – 目標

　社会的事象の見方・考え方を働かせ，学習の問題を追究・解決する活動を通して，次のとおり資質・能力を育成することを目指す。
(1) 我が国の政治の考え方と仕組みや働き，国家及び社会の発展に大きな働きをした先人の業績や優れた文化遺産，我が国と関係の深い国の生活やグローバル化する国際社会における我が国の役割について理解するとともに，地図帳や地球儀，統計や年表などの各種の基礎的資料を通して，情報を適切に調べまとめる技能を身に付けるようにする。
(2) 社会的事象の特色や相互の関連，意味を多角的に考える力，社会に見られる課題を把握して，その解決に向けて社会への関わり方を選択・判断する力，考えたことや選択・判断したことを説明したり，それらを基に議論したりする力を養う。
(3) 社会的事象について，主体的に学習の問題を解決しようとする態度や，よりよい社会を考え学習したことを社会生活に生かそうとする態度を養うとともに，多角的な思考や理解を通して，我が国の歴史や伝統を大切にして国を愛する心情，我が国の将来を担う国民としての自覚や平和を願う日本人として世界の国々の人々と共に生きることの大切さについての自覚を養う。

2 – 内容と単元配列例

	学習指導要領の内容	単元名（例）	時数
(1)	我が国の政治の働き	日本国憲法と私たちの生活	10
		国や県の政治と私たちの生活	8
(2)	我が国の歴史上の主な事象	国づくりのはじまり	7
		天皇を中心にした国づくり	6
		貴族の生活や文化	5
		武士による政治のはじまり	6
		今に受け継がれる室町の文化	5
		織田と豊臣の天下統一	6
		江戸幕府と武士の世の中	6
		町人の文化と新しい学問	6
		明治の新しい国づくり	6
		近代国家への歩み	6
		戦中の人々の生活	6
		戦後の新しい日本	8
(3)	グローバル化する世界と日本の役割	世界の国と国際交流	8
		国際連合の働きと我が国の国際協力	6

4章　社会科の新授業プラン ● 167

3−単元の指導計画例❶

①単元名「日本国憲法と私たちの生活」（全10時間）

②単元の目標
○我が国の政治の働きについて，日本国憲法の基本的な考え方に着目して，見学・調査したり各種の資料で調べたりしてまとめ，我が国の民主政治を捉え，日本国憲法が国民生活に果たす役割や，国会，内閣，裁判所と国民の関わりを考え，日本国憲法は国家の理想，天皇の地位，国民としての権利及び義務など国家や国民生活の基本を定めていることや，現在の我が国の民主政治は日本国憲法の基本的な考え方に基づいていることを理解できるようにするとともに，立法，行政，司法の三権がそれぞれの役割を果たしていることを理解できるようにする。
○我が国の政治の働きについて学習問題を意欲的に追究し，我が国の将来を担う国民としての自覚をもてるようにする。

③単元について
　この単元は，日本国憲法の基本的な考え方に着目して，日本国憲法が国家や国民生活の基本を定めていることや我が国の民主政治の基本になっていること，立法，行政，司法の三権がそれぞれの役割を果たしていることを理解する内容である。

　ここでは，国会や選挙などの意味，三権相互の関連，裁判員制度や租税の役割などを取り上げ，国民としての政治への関わり方を多角的に考えてまとめることが大切である。多角的に考えるとは，例えば，国民の代表を選出する選挙の意義や，行政に必要な予算が国民の税金によって支えられていることや，国民が裁判に参加する裁判員制度の意義などを考えることである。

　また，天皇の国事行為などを取り上げ，天皇についての理解と敬愛の念を深めることも重要である。

④単元展開例（全10時間）

	主な 問い　○学習活動	◇指導の手立て　□資料
つかむ	問い　法律はなぜ必要なのだろう。 （1時間） ○交通に関する法律が安全に生活するために必要なことを話し合う。 問い　憲法はどんなものなのだろう。 （1時間） ○日本の基本を定めている憲法を写真で調べ，詳しく調べたいことや自分たちの生活とのつながりを考える。	□写真「日本とアメリカの道路（左側通行と右側通行）」 ◇交通の安全を例にして，国ごとに法律を定めていることを考えさせる。 □写真「日本国憲法御署名原本」（国立公文書館デジタルアーカイブ） ◇憲法原本を通し興味を高めるとともに，憲法の考え方を実現するための仕組みについて意識させる。
	学習問題　国の基本を定めている日本国憲法とはどのようなもので，その考え方を私たちの生活に生かすためにどのような仕組みがあるのだろう。	
	○学習問題を基に調べたいことや予想を考え，学習計画を立てる。	◇御名御璽の日付などから成立の時代的背景について確認する。
調べる	問い　憲法にはどんなことが書かれているのだろう。（4時間） ○前文，第1条について調べ，国家の理想や天皇の地位について調べる。 ○憲法の三つの原則について知り，国民主権について調べるとともに，18歳選挙権などの例を通し，選挙の意味や大切さについて考える。 ○基本的人権の尊重について調べると	◇国立公文書館デジタルアーカイブを必要に応じて活用する。 □前文，第1条の条文，国民の祝日 ◇条文を基に内容を確認するとともに，その意味を考えさせる。 □三つの原則・国民主権を表した図 □高校生の投票についての新聞記事 ◇国民の投票等が国などの政治につながっていることを考えさせる。 □第11条の条文

4章　社会科の新授業プラン　● 169

ともに，女性や障害のある人への差別を解消する取組などを通し，基本的人権の尊重について考える。	□国民の権利と義務をまとめた資料 □障害のある人などの差別解消への取組の資料 ◇基本的人権の具体的な例を通して考えさせる。
○平和主義について調べるとともに，被爆地や戦災を受けた地域の平和な世界を目指す取組になどを通し，日本の平和主義について考える。	□第9条の条文 □広島や沖縄での取組の資料 ◇戦争の惨禍が大きかったことを実感できるように配慮する。
問い　憲法を生かすためにどんな仕組みがあるのだろう。 （3時間）	□国会の写真，国会の概要，国会の主な仕事や立法の流れなどの図
○国会の働きについて調べ，議員が選挙で選ばれることや法律や予算などと国民の生活との関連について考える。	□内閣の仕組み，国の予算の概要，省庁の仕事の概要などの図表 ◇憲法→行政→生活の関連を幾つかの具体例を基に考えさせる。
○内閣の働きについて調べ，各省庁の具体的な仕事や税金の使われ方などについて考える。	□裁判所の写真や裁判所の種類や仕組みの図
○裁判所の働きについて調べ，裁判員制度で国民が裁判に参加する意味などを考える。	□三権分立の模式図 ◇三権分立の意味と日本の政治の基本となっていることを押さえる。
まとめる　問い　憲法の考え方は私たちの生活にどのようにつながっているのだろう。（1時間） ○学習問題を振り返り，政治の仕組みと関連させながら，生活に生かされている憲法の考え方について，話し合いを通して自分なりの考えをまとめる。	◇行政の具体的な仕事が自分たちの生活に関係していることを振り返りながら，話し合いを通して憲法と自分たちの生活との関連に気付かせる。

⑤指導上の工夫

❶主体的・対話的な学びの工夫

主体的に学ぶための資料の活用

　日本国憲法の原本の写真を十分に活用する（一定のＩＣＴ環境があれば国立公文書館デジタルアーカイブにて活用できる）。憲法そのものに触れることで興味を高め，主体的な学びへつなげることをねらっている。

対話的に学ぶための場の設定

　本単元は憲法の基本的な考え方や三権の仕組みや意義など学習すべき内容が多いといえる。そのため，自分たちが調べたことや考えたことを伝え合い，交流する場面を導入段階で憲法原本からの気付きを伝え合うとき，まとめる段階で調べたり考えたりしたことを基に憲法と自分たちの生活との関連をまとめるときに設定している。学習した具体的な知識と関連させ，考えを交流させることで，自分の考えを深めるようにしたい。

❷「見方・考え方」を働かせた深い学びの工夫

憲法の成立に関わる時間的な視点

　憲法の成立についての時間・時代的な視点をもたせることが大切である。憲法原文には天皇の御名御璽の横に「昭和二十一年十一月三日」とある。年表などを活用し，この時期の日本が戦争の直後であり，大きな被害を受けていたことを知ることは憲法の基本的な考え方を深く理解するために重要な視点だといえる。

自分たちの生活と憲法の関連を考える学習

　憲法の基本的な考え方が，自分たちの生活と関連していることを考えるために，具体的な行政（省庁）の取組を例にして調べ，考える活動が重要である。憲法→法律→省庁→自分たちの生活などの関連を図にまとめるなどして，それぞれの関連・連携についての視点を大切にしたい。

（杉渕　　尚）

4−単元の指導計画例❷

①単元名「国際連合の働きと我が国の国際協力」（全6時間）

②単元の目標

○貧困や紛争などによる子供たちをめぐる問題，その解決に向けたユニセフの活動などに着目して，国際連合の働きや我が国の国際協力の様子を調べ，考え，表現することを通じて，我が国は，平和な世界の実現のために国際連合の一員として重要な役割を果たしたり，諸外国の発展のために援助や協力を行ったりしていることを理解できるようにする。

○国際連合の働きや我が国の国際協力について学習問題を意欲的に追究し，今後，我が国が国際社会で果たすべき役割を多角的に考えたり，選択・判断したりできるようにする。

③単元について

　この単元は，地球規模で発生している課題の解決に向けた連携・協力などに着目して，国際連合の働きや我が国の国際協力の様子を捉え，我が国が，平和な世界の実現のために国際連合の一員として重要な役割を果たしたり，諸外国の発展のために援助や協力を行ったりしていることを理解する。

　ここでは，網羅的，抽象的な扱いを避けるため，地球規模で発生している課題として貧困や紛争等による子供の問題を取り上げ，国際連合の働きとして主にユニセフの活動を取り上げる。そして我が国の国際協力については，教育，医療，農業等の分野から NGO や ODA による活動を取り上げる。

　また，世界の人々と共に生きていくために大切なことや，今後，我が国が国際社会において果たすべき役割などを多角的に考えたり選択・判断したりできるように配慮することが求められている。単元の最後には，調べ，考えたことを基に，国際社会における我が国の役割について話し合い，選択・判断につなげる時間を設定している。

④単元展開例（全6時間）

		主な 問い　　○学習活動	◇指導の手立て　　□資料
つかむ	**問い**	世界ではどのようなことが起きているのだろう。（1時間） ○地球規模で起きている課題にはどのようなものがあるかを話し合う。 ○国際紛争の起きている国や地域，砂漠化や酸性雨等の環境問題の深刻な国や地域を調べ，地図で位置を確認する。 ○危機や困難に直面している子供たちのことを知り，学習問題を立てる。	□環境破壊や紛争等の写真 □地図「第二次世界大戦後の主な国際紛争」 □『ユニセフ活動の手引き』「数字で見る子供の世界」（ユニセフ協会） ◇世界では1年間に590万人が5歳前に死亡し，5歳未満の1億5900万人が栄養不足で発達が阻害されていることなどを伝える（同上資料）。
	学習問題 世界では，子供たちにどのような問題が起き，その解決に向け，どのような連携・協力が行われているのだろう。		
		○予想を基に，学習計画を立てる。	
調べる	**問い**	今，子供たちをめぐって，どのような問題が起きているのだろう。（1時間） ○世界では子供たちをめぐってどのような問題が起きているのか資料を基に調べる。 ○調べたことを基に解決しなければならない課題や世界で起きている子供たちの問題について意見交換する。	□『ユニセフと世界のともだち』「1.世界の子どもたちの現状」（ユニセフ協会） □地球儀，世界地図 ◇世界では，子供たちをめぐって，貧困や紛争などの影響により，保健や衛生，教育など多岐にわたる問題が多くの国で発生していることを捉えさせる。

4章　社会科の新授業プラン　● 173

	問い　ユニセフは子供たちの問題の解決を目指してどのような活動を行っているのだろう。 （1時間） ○資料を基に，ユニセフの仕組みと具体的活動を調べる。 ○日本からの募金も世界150以上の国や地域で子供たちの支援活動に使われていることを知り，ユニセフ活動の意義と自分たちの役割を考える。	□動画「ユニセフと地球のともだち」（日本ユニセフ協会，13分） □『ユニセフと世界のともだち』「3.ユニセフって何」「5.ユニセフの活動」（ユニセフ協会） ◇組織，募金の流れ，活動など，具体的に捉えやすくするため，まず動画を視聴し，分からないことを資料で調べるようにする。
	問い　日本ではほかにどのような国際協力をしているのだろう。 （1時間） ○NGOとODAの組織・活動について調べ国際協力活動に参加経験のある方に話を聞いたり質問したりする。 ○調べたことを基に，それぞれの活動のよさを生かした国際協力の大切さを考える。	◇教科書等に示された事例を基に，NGO，ODAの具体的活動を調べるようにする。 ◇NGOやODAで活動経験のある方をゲストとして招聘し，活動の様子について話を伺ったり質問したりできるようにする。
まとめる	問い　国際連合の働きや我が国の国際協力についてまとめ，学習問題に対する考えを表現する。 （1時間） ○学習を振り返り，意見文を書く。	□地球規模で起きている課題に関連した写真（紛争，貧困，環境等） ◇意見文として整理させる。
いかす	問い　学習してきたことを基に，国際社会における我が国の役割を話し合う。（1時間） ○意見文を発表し我が国の役割や今の自分たちにできることを話し合う。	◇前時にまとめた意見文を発表し合うとともに，現在の自分たちができること，さらに今後大切にしていかなければならないことを話し合うようにする。

⑤指導上の工夫

❶主体的・対話的な学びの工夫

　単元の導入では，まず，地球規模で起きている課題にはどのようなものがあるかを話し合い，地球儀や世界地図で位置を確認する活動を取り入れながら問題意識を高め，解決に向けた連携・協力に着目できるようにする。その際，ユニセフ募金の経験やポスターなどから，ユニセフの活動に着目して，学習の見通しを立てながら主体的に学習に取り組めるようにする。

　また，追究の段階では，ユニセフの働きや具体的な活動について，動画と資料（ユニセフ協会パンフレット）を用意し，ペアや少人数グループで，繰り返し視聴したり，それを資料で確認したりしながら対話的に学習を進められるようにする。

❷「見方・考え方」を働かせた深い学びの工夫

地球規模の課題と，その解決に向けた連携・協力に着目して調べる

　本単元では，世界の子供たちの貧困の問題に焦点化し，国際連合の働きについて，ユニセフを取り上げ，その活動を調べる。ユニセフは，世界中の子供たちの命と健康を守るために活動する国連機関であり，その解決に向けた連携・協力は，人間の安全保障の概念とも一致する。また，我が国の国際協力については，NGOやODAに参加経験のある方をゲストに，連携・協力，我が国の役割などの視点からインタビューを行う。

国際社会における我が国の役割を話し合う

　単元終末の「いかす」場面では，それまでに学習してきたことを基に，我が国の役割について各自の考えを話し合う活動を設定する。世界には，解決しなければならない課題が多くあること，厳しい状況下に置かれた子供たちがたくさんいること，日本も戦後15年に渡りユニセフから援助を受けていたことなどを踏まえて話し合うようにする。

（中田　正弘）

付録　小学校学習指導要領　第2章　社会

第1　目　標

　社会的な見方・考え方を働かせ，課題を追究したり解決したりする活動を通して，グローバル化する国際社会に主体的に生きる平和で民主的な国家及び社会の形成者に必要な公民としての資質・能力の基礎を次のとおり育成することを目指す。

(1) 地域や我が国の国土の地理的環境，現代社会の仕組みや働き，地域や我が国の歴史や伝統と文化を通して社会生活について理解するとともに，様々な資料や調査活動を通して情報を適切に調べまとめる技能を身に付けるようにする。

(2) 社会的事象の特色や相互の関連，意味を多角的に考えたり，社会に見られる課題を把握して，その解決に向けて社会への関わり方を選択・判断したりする力，考えたことや選択・判断したことを適切に表現する力を養う。

(3) 社会的事象について，よりよい社会を考え主体的に問題解決しようとする態度を養うとともに，多角的な思考や理解を通して，地域社会に対する誇りと愛情，地域社会の一員としての自覚，我が国の国土と歴史に対する愛情，我が国の将来を担う国民としての自覚，世界の国々の人々と共に生きていくことの大切さについての自覚などを養う。

第2　各学年の目標及び内容

　〔第3学年〕

1　目　標

　社会的事象の見方・考え方を働かせ，学習の問題を追究・解決する活動を通して，次のとおり資質・能力を育成することを目指す。

(1) 身近な地域や市区町村の地理的環境，地域の安全を守るための諸活動や地域の産業と消費生活の様子，地域の様子の移り変わりについて，人々の生活との関連を踏まえて理解するとともに，調査活動，地図帳や各種の具体的資料を通して，必要な情報を調べまとめる技能を身に付けるようにする。

(2) 社会的事象の特色や相互の関連，意味を考える力，社会に見られる課題を把握して，その解決に向けて社会への関わり方を選択・判断する力，考えたことや選択・判断したことを表現する力を養う。

(3) 社会的事象について，主体的に学習の問題を解決しようとする態度や，よりよい社会を考え学習したことを社会生活に生かそうとする態度を養うとともに，思考や理解を通して，地域社会に対する誇りと愛情，地域社会の一員としての自覚を養う。

2　内　容

(1) 身近な地域や市区町村（以下第2章第2節において「市」という。）の様子について，学習の問題を追究・解決する活動を通して，次の事項を身に付けることができるよう指導する。

　ア　次のような知識及び技能を身に付けること。

　　(ｱ)　身近な地域や自分たちの市の様子を大まかに理解すること。

　　(ｲ)　観察・調査したり地図などの資料で調べたりして，白地図などにまとめること。

　イ　次のような思考力，判断力，表現力等を身に付けること。

(ｱ) 都道府県内における市の位置，市の地形や土地利用，交通の広がり，市役所など主な公共施設の場所と働き，古くから残る建造物の分布などに着目して，身近な地域や市の様子を捉え，場所による違いを考え，表現すること。

(2) 地域に見られる生産や販売の仕事について，学習の問題を追究・解決する活動を通して，次の事項を身に付けることができるよう指導する。

ア　次のような知識及び技能を身に付けること。

(ｱ) 生産の仕事は，地域の人々の生活と密接な関わりをもって行われていることを理解すること。

(ｲ) 販売の仕事は，消費者の多様な願いを踏まえ売り上げを高めるよう，工夫して行われていることを理解すること。

(ｳ) 見学・調査したり地図などの資料で調べたりして，白地図などにまとめること。

イ　次のような思考力，判断力，表現力等を身に付けること。

(ｱ) 仕事の種類や産地の分布，仕事の工程などに着目して，生産に携わっている人々の仕事の様子を捉え，地域の人々の生活との関連を考え，表現すること。

(ｲ) 消費者の願い，販売の仕方，他地域や外国との関わりなどに着目して，販売に携わっている人々の仕事の様子を捉え，それらの仕事に見られる工夫を考え，表現すること。

(3) 地域の安全を守る働きについて，学習の問題を追究・解決する活動を通して，次の事項を身に付けることができるよう指導する。

ア　次のような知識及び技能を身に付けること。

(ｱ) 消防署や警察署などの関係機関は，地域の安全を守るために，相互に連携して緊急時に対処する体制をとっていることや，関係機関が地域の人々と協力して火災や事故などの防止に努めていることを理解すること。

(ｲ) 見学・調査したり地図などの資料で調べたりして，まとめること。

イ　次のような思考力，判断力，表現力等を身に付けること。

(ｱ) 施設・設備などの配置，緊急時への備えや対応などに着目して，関係機関や地域の人々の諸活動を捉え，相互の関連や従事する人々の働きを考え，表現すること。

(4) 市の様子の移り変わりについて，学習の問題を追究・解決する活動を通して，次の事項を身に付けることができるよう指導する。

ア　次のような知識及び技能を身に付けること。

(ｱ) 市や人々の生活の様子は，時間の経過に伴い，移り変わってきたことを理解すること。

(ｲ) 聞き取り調査をしたり地図などの資料で調べたりして，年表などにまとめること。

イ　次のような思考力，判断力，表現力等を身に付けること。

(ｱ) 交通や公共施設，土地利用や人口，生活の道具などの時期による違いに着目して，市や人々の生活の様子を捉え，それらの変化を考え，表現すること。

3　内容の取扱い

(1) 内容の(1)については，次のとおり取り扱うものとする。

ア　学年の導入で扱うこととし，アの(ｱ)については，「自分たちの市」に重点を置くよう配慮すること。

イ　アの(ｲ)については，「白地図などにまとめる」際に，教科用図書「地図」（以下第2章第2節において「地図帳」という。）を参照し，方位や主な地図記号について扱うこと。

(2) 内容の(2)については，次のとおり取り扱うものとする。

ア　アの(ｱ)及びイの(ｱ)については，事例として農家，工場などの中から選択して取り上げるようにすること。

イ　アの(ｲ)及びイの(ｲ)については，商店を取り上げ，「他地域や外国との関わり」を扱う際には，地図帳などを使用して都道府県や国の名称と位置などを調べるようにすること。

ウ　イの(ｲ)については，我が国や外国には国旗があることを理解し，それを尊重する態度を養うよう配慮すること。

(3) 内容の(3)については，次のとおり取り扱うものとする。

ア　アの(ｱ)の「緊急時に対処する体制をとっていること」と「防止に努めていること」については，火災と事故はいずれも取り上げること。その際，どちらかに重点を置くなど効果的な指導を工夫をすること。

イ　イの(ｱ)については，社会生活を営む上で大切な法やきまりについて扱うとともに，地域や自分自身の安全を守るために自分たちにできることなどを考えたり選択・判断したりできるよう配慮すること。

(4) 内容の(4)については，次のとおり取り扱うものとする。

ア　アの(ｲ)の「年表などにまとめる」際には，時期の区分について，昭和，平成など元号を用いた言い表し方などがあることを取り上げること。

イ　イの(ｱ)の「公共施設」については，市が公共施設の整備を進めてきたことを取り上げること。その際，租税の役割に触れること。

ウ　イの(ｱ)の「人口」を取り上げる際には，少子高齢化，国際化などに触れ，これからの市の発展について考えることができるよう配慮すること。

〔第4学年〕

1　目　標

社会的事象の見方・考え方を働かせ，学習の問題を追究・解決する活動を通して，次のとおり資質・能力を育成することを目指す。

(1) 自分たちの都道府県の地理的環境の特色，地域の人々の健康と生活環境を支える働きや自然災害から地域の安全を守るための諸活動，地域の伝統と文化や地域の発展に尽くした先人の働きなどについて，人々の生活との関連を踏まえて理解するとともに，調査活動，地図帳や各種の具体的資料を通して，必要な情報を調べまとめる技能を身に付けるようにする。

(2) 社会的事象の特色や相互の関連，意味を考える力，社会に見られる課題を把握して，

その解決に向けて社会への関わり方を選択・判断する力，考えたことや選択・判断したことを表現する力を養う。
(3) 社会的事象について，主体的に学習の問題を解決しようとする態度や，よりよい社会を考え学習したことを社会生活に生かそうとする態度を養うとともに，思考や理解を通して，地域社会に対する誇りと愛情，地域社会の一員としての自覚を養う。

2　内　容

(1) 都道府県（以下第2章第2節において「県」という。）の様子について，学習の問題を追究・解決する活動を通して，次の事項を身に付けることができるよう指導する。
ア　次のような知識及び技能を身に付けること。
(ア) 自分たちの県の地理的環境の概要を理解すること。また，47都道府県の名称と位置を理解すること。
(イ) 地図帳や各種の資料で調べ，白地図などにまとめること。
イ　次のような思考力，判断力，表現力等を身に付けること。
(ア) 我が国における自分たちの県の位置，県全体の地形や主な産業の分布，交通網や主な都市の位置などに着目して，県の様子を捉え，地理的環境の特色を考え，表現すること。

(2) 人々の健康や生活環境を支える事業について，学習の問題を追究・解決する活動を通して，次の事項を身に付けることができるよう指導する。
ア　次のような知識及び技能を身に付けること。
(ア) 飲料水，電気，ガスを供給する事業は，安全で安定的に供給できるよう進められていることや，地域の人々の健康な生活の維持と向上に役立っていることを理解すること。
(イ) 廃棄物を処理する事業は，衛生的な処理や資源の有効利用ができるよう進められていることや，生活環境の維持と向上に役立っていることを理解すること。
(ウ) 見学・調査したり地図などの資料で調べたりして，まとめること。
イ　次のような思考力，判断力，表現力等を身に付けること。
(ア) 供給の仕組みや経路，県内外の人々の協力などに着目して，飲料水，電気，ガスの供給のための事業の様子を捉え，それらの事業が果たす役割を考え，表現すること。
(イ) 処理の仕組みや再利用，県内外の人々の協力などに着目して，廃棄物の処理のための事業の様子を捉え，その事業が果たす役割を考え，表現すること。

(3) 自然災害から人々を守る活動について，学習の問題を追究・解決する活動を通して，次の事項を身に付けることができるよう指導する。
ア　次のような知識及び技能を身に付けること。
(ア) 地域の関係機関や人々は，自然災害に対し，様々な協力をして対処してきたことや，今後想定される災害に対し，様々な備えをしていることを理解すること。
(イ) 聞き取り調査をしたり地図や年表などの資料で調べたりして，まとめること。
イ　次のような思考力，判断力，表現力等を身に付けること。

付録　小学校学習指導要領　第2章　社会　● 179

(ｳ) 過去に発生した地域の自然災害，関係機関の協力などに着目して，災害から人々を守る活動を捉え，その働きを考え，表現すること。

(4) 県内の伝統や文化，先人の働きについて，学習の問題を追究・解決する活動を通して，次の事項を身に付けることができるよう指導する。

ア　次のような知識及び技能を身に付けること。

(ｱ) 県内の文化財や年中行事は，地域の人々が受け継いできたことや，それらには地域の発展など人々の様々な願いが込められていることを理解すること。

(ｲ) 地域の発展に尽くした先人は，様々な苦心や努力により当時の生活の向上に貢献したことを理解すること。

(ｳ) 見学・調査したり地図などの資料で調べたりして，年表などにまとめること。

イ　次のような思考力，判断力，表現力等を身に付けること。

(ｱ) 歴史的背景や現在に至る経過，保存や継承のための取組などに着目して，県内の文化財や年中行事の様子を捉え，人々の願いや努力を考え，表現すること。

(ｲ) 当時の世の中の課題や人々の願いなどに着目して，地域の発展に尽くした先人の具体的事例を捉え，先人の働きを考え，表現すること。

(5) 県内の特色ある地域の様子について，学習の問題を追究・解決する活動を通して，次の事項を身に付けることができるよう指導する。

ア　次のような知識及び技能を身に付けること。

(ｱ) 県内の特色ある地域では，人々が協力し，特色あるまちづくりや観光などの産業の発展に努めていることを理解すること。

(ｲ) 地図帳や各種の資料で調べ，白地図などにまとめること。

イ　次のような思考力，判断力，表現力等を身に付けること。

(ｱ) 特色ある地域の位置や自然環境，人々の活動や産業の歴史的背景，人々の協力関係などに着目して，地域の様子を捉え，それらの特色を考え，表現すること。

3　内容の取扱い

(1) 内容の(2)については，次のとおり取り扱うものとする。

ア　アの(ｱ)及び(ｲ)については，現在に至るまでに仕組みが計画的に改善され公衆衛生が向上してきたことに触れること。

イ　アの(ｱ)及びイの(ｱ)については，飲料水，電気，ガスの中から選択して取り上げること。

ウ　アの(ｲ)及びイの(ｲ)については，ごみ，下水のいずれかを選択して取り上げること。

エ　イの(ｱ)については，節水や節電など自分たちにできることを考えたり選択・判断したりできるよう配慮すること。

オ　イの(ｲ)については，社会生活を営む上で大切な法やきまりについて扱うとともに，ごみの減量や水を汚さない工夫など，自分たちにできることを考えたり選択・判断したりできるよう配慮すること。

(2) 内容の(3)については，次のとおり取り扱うものとする。

ア　アの(ｱ)については，地震災害，津波災害，風水害，火山災害，雪害などの中から，

過去に県内で発生したものを選択して取り上げること。

　　イ　アの(ア)及びイの(ア)の「関係機関」については，県庁や市役所の働きなどを中心に取り上げ，防災情報の発信，避難体制の確保などの働き，自衛隊など国の機関との関わりを取り上げること。

　　ウ　イの(ア)については，地域で起こり得る災害を想定し，日頃から必要な備えをするなど，自分たちにできることなどを考えたり選択・判断したりできるよう配慮すること。

　(3)　内容の(4)については，次のとおり取り扱うものとする。

　　ア　アの(ア)については，県内の主な文化財や年中行事が大まかに分かるようにするとともに，イの(ア)については，それらの中から具体的事例を取り上げること。

　　イ　アの(イ)及びイの(イ)については，開発，教育，医療，文化，産業などの地域の発展に尽くした先人の中から選択して取り上げること。

　　ウ　イの(ア)については，地域の伝統や文化の保存や継承に関わって，自分たちにできることなどを考えたり選択・判断したりできるよう配慮すること。

　(4)　内容の(5)については，次のとおり取り扱うものとする。

　　ア　県内の特色ある地域が大まかに分かるようにするとともに，伝統的な技術を生かした地場産業が盛んな地域，国際交流に取り組んでいる地域及び地域の資源を保護・活用している地域を取り上げること。その際，地域の資源を保護・活用している地域については，自然環境，伝統的な文化のいずれかを選択して取り上げること。

　　イ　国際交流に取り組んでいる地域を取り上げる際には，我が国や外国には国旗があることを理解し，それを尊重する態度を養うよう配慮すること。

〔第５学年〕

１　目　標

　　社会的事象の見方・考え方を働かせ，学習の問題を追究・解決する活動を通して，次のとおり資質・能力を育成することを目指す。

　(1)　我が国の国土の地理的環境の特色や産業の現状，社会の情報化と産業の関わりについて，国民生活との関連を踏まえて理解するとともに，地図帳や地球儀，統計などの各種の基礎的資料を通して，情報を適切に調べまとめる技能を身に付けるようにする。

　(2)　社会的事象の特色や相互の関連，意味を多角的に考える力，社会に見られる課題を把握して，その解決に向けて社会への関わり方を選択・判断する力，考えたことや選択・判断したことを説明したり，それらを基に議論したりする力を養う。

　(3)　社会的事象について，主体的に学習の問題を解決しようとする態度や，よりよい社会を考え学習したことを社会生活に生かそうとする態度を養うとともに，多角的な思考や理解を通して，我が国の国土に対する愛情，我が国の産業の発展を願い我が国の将来を担う国民としての自覚を養う。

２　内　容

　(1)　我が国の国土の様子と国民生活について，学習の問題を追究・解決する活動を通して，

次の事項を身に付けることができるよう指導する。

ア　次のような知識及び技能を身に付けること。

(ｱ)　世界における我が国の国土の位置，国土の構成，領土の範囲などを大まかに理解すること。

(ｲ)　我が国の国土の地形や気候の概要を理解するとともに，人々は自然環境に適応して生活していることを理解すること。

(ｳ)　地図帳や地球儀，各種の資料で調べ，まとめること。

イ　次のような思考力，判断力，表現力等を身に付けること。

(ｱ)　世界の大陸と主な海洋，主な国の位置，海洋に囲まれ多数の島からなる国土の構成などに着目して，我が国の国土の様子を捉え，その特色を考え，表現すること。

(ｲ)　地形や気候などに着目して，国土の自然などの様子や自然条件から見て特色ある地域の人々の生活を捉え，国土の自然環境の特色やそれらと国民生活との関連を考え，表現すること。

(2)　我が国の農業や水産業における食料生産について，学習の問題を追究・解決する活動を通して，次の事項を身に付けることができるよう指導する。

ア　次のような知識及び技能を身に付けること。

(ｱ)　我が国の食料生産は，自然条件を生かして営まれていることや，国民の食料を確保する重要な役割を果たしていることを理解すること。

(ｲ)　食料生産に関わる人々は，生産性や品質を高めるよう努力したり輸送方法や販売方法を工夫したりして，良質な食料を消費地に届けるなど，食料生産を支えていることを理解すること。

(ｳ)　地図帳や地球儀，各種の資料で調べ，まとめること。

イ　次のような思考力，判断力，表現力等を身に付けること。

(ｱ)　生産物の種類や分布，生産量の変化，輸入など外国との関わりなどに着目して，食料生産の概要を捉え，食料生産が国民生活に果たす役割を考え，表現すること。

(ｲ)　生産の工程，人々の協力関係，技術の向上，輸送，価格や費用などに着目して，食料生産に関わる人々の工夫や努力を捉え，その働きを考え，表現すること。

(3)　我が国の工業生産について，学習の問題を追究・解決する活動を通して，次の事項を身に付けることができるよう指導する。

ア　次のような知識及び技能を身に付けること。

(ｱ)　我が国では様々な工業生産が行われていることや，国土には工業の盛んな地域が広がっていること及び工業製品は国民生活の向上に重要な役割を果たしていることを理解すること。

(ｲ)　工業生産に関わる人々は，消費者の需要や社会の変化に対応し，優れた製品を生産するよう様々な工夫や努力をして，工業生産を支えていることを理解すること。

(ｳ)　貿易や運輸は，原材料の確保や製品の販売などにおいて，工業生産を支える重要な役割を果たしていることを理解すること。

(ｴ)　地図帳や地球儀，各種の資料で調べ，まとめること。

イ　次のような思考力，判断力，表現力等を身に付けること。
　　(ｱ)　工業の種類，工業の盛んな地域の分布，工業製品の改良などに着目して，工業生産の概要を捉え，工業生産が国民生活に果たす役割を考え，表現すること。
　　(ｲ)　製造の工程，工場相互の協力関係，優れた技術などに着目して，工業生産に関わる人々の工夫や努力を捉え，その働きを考え，表現すること。
　　(ｳ)　交通網の広がり，外国との関わりなどに着目して，貿易や運輸の様子を捉え，それらの役割を考え，表現すること。
(4)　我が国の産業と情報との関わりについて，学習の問題を追究・解決する活動を通して，次の事項を身に付けることができるよう指導する。
　ア　次のような知識及び技能を身に付けること。
　　(ｱ)　放送，新聞などの産業は，国民生活に大きな影響を及ぼしていることを理解すること。
　　(ｲ)　大量の情報や情報通信技術の活用は，様々な産業を発展させ，国民生活を向上させていることを理解すること。
　　(ｳ)　聞き取り調査をしたり映像や新聞などの各種資料で調べたりして，まとめること。
　イ　次のような思考力，判断力，表現力等を身に付けること。
　　(ｱ)　情報を集め発信するまでの工夫や努力などに着目して，放送，新聞などの産業の様子を捉え，それらの産業が国民生活に果たす役割を考え，表現すること。
　　(ｲ)　情報の種類，情報の活用の仕方などに着目して，産業における情報活用の現状を捉え，情報を生かして発展する産業が国民生活に果たす役割を考え，表現すること。
(5)　我が国の国土の自然環境と国民生活との関連について，学習の問題を追究・解決する活動を通して，次の事項を身に付けることができるよう指導する。
　ア　次のような知識及び技能を身に付けること。
　　(ｱ)　自然災害は国土の自然条件などと関連して発生していることや，自然災害から国土を保全し国民生活を守るために国や県などが様々な対策や事業を進めていることを理解すること。
　　(ｲ)　森林は，その育成や保護に従事している人々の様々な工夫と努力により国土の保全など重要な役割を果たしていることを理解すること。
　　(ｳ)　関係機関や地域の人々の様々な努力により公害の防止や生活環境の改善が図られてきたことを理解するとともに，公害から国土の環境や国民の健康な生活を守ることの大切さを理解すること。
　　(ｴ)　地図帳や各種の資料で調べ，まとめること。
　イ　次のような思考力，判断力，表現力等を身に付けること。
　　(ｱ)　災害の種類や発生の位置や時期，防災対策などに着目して，国土の自然災害の状況を捉え，自然条件との関連を考え，表現すること。
　　(ｲ)　森林資源の分布や働きなどに着目して，国土の環境を捉え，森林資源が果たす役割を考え，表現すること。
　　(ｳ)　公害の発生時期や経過，人々の協力や努力などに着目して，公害防止の取組を捉

付録　小学校学習指導要領　第2章　社会　● 183

え，その働きを考え，表現すること。
3　内容の取扱い
(1) 内容の(1)については，次のとおり取り扱うものとする。
　ア　アの(ア)の「領土の範囲」については，竹島や北方領土，尖閣諸島が我が国の固有
　　の領土であることに触れること。
　イ　アの(ウ)については，地図帳や地球儀を用いて，方位，緯度や経度などによる位置
　　の表し方について取り扱うこと。
　ウ　イの(ア)の「主な国」については，名称についても扱うようにし，近隣の諸国を含
　　めて取り上げること。その際，我が国や諸外国には国旗があることを理解し，それを
　　尊重する態度を養うよう配慮すること。
　エ　イの(イ)の「自然条件から見て特色ある地域」については，地形条件や気候条件か
　　ら見て特色ある地域を取り上げること。
(2) 内容の(2)については，次のとおり取り扱うものとする。
　ア　アの(イ)及びイの(イ)については，食料生産の盛んな地域の具体的事例を通して調べ
　　ることとし，稲作のほか，野菜，果物，畜産物，水産物などの中から一つを取り上げ
　　ること。
　イ　イの(ア)及び(イ)については，消費者や生産者の立場などから多角的に考えて，これ
　　からの農業などの発展について，自分の考えをまとめることができるよう配慮するこ
　　と。
(3) 内容の(3)については，次のとおり取り扱うものとする。
　ア　アの(イ)及びイの(イ)については，工業の盛んな地域の具体的事例を通して調べるこ
　　ととし，金属工業，機械工業，化学工業，食料品工業などの中から一つを取り上げる
　　こと。
　イ　イの(ア)及び(イ)については，消費者や生産者の立場などから多角的に考えて，これ
　　からの工業の発展について，自分の考えをまとめることができるよう配慮すること。
(4) 内容の(4)については，次のとおり取り扱うものとする。
　ア　アの(ア)の「放送，新聞などの産業」については，それらの中から選択して取り上
　　げること。その際，情報を有効に活用することについて，情報の送り手と受け手の立
　　場から多角的に考え，受け手として正しく判断することや送り手として責任をもつこ
　　とが大切であることに気付くようにすること。
　イ　アの(イ)及びイの(イ)については，情報や情報技術を活用して発展している販売，運
　　輸，観光，医療，福祉などに関わる産業の中から選択して取り上げること。その際，
　　産業と国民の立場から多角的に考えて，情報化の進展に伴う産業の発展や国民生活の
　　向上について，自分の考えをまとめることができるよう配慮すること。
(5) 内容の(5)については，次のとおり取り扱うものとする。
　ア　アの(ア)については，地震災害，津波災害，風水害，火山災害，雪害などを取り上
　　げること。
　イ　アの(ウ)及びイの(ウ)については，大気の汚染，水質の汚濁などの中から具体的事例

を選択して取り上げること。
　ウ　イの(イ)及び(ウ)については，国土の環境保全について，自分たちにできることなど
　　を考えたり選択・判断したりできるよう配慮すること。

〔第6学年〕
1　目　標
　　社会的事象の見方・考え方を働かせ，学習の問題を追究・解決する活動を通して，次の
　とおり資質・能力を育成することを目指す。
　(1)　我が国の政治の考え方と仕組みや働き，国家及び社会の発展に大きな働きをした先人
　　の業績や優れた文化遺産，我が国と関係の深い国の生活やグローバル化する国際社会に
　　おける我が国の役割について理解するとともに，地図帳や地球儀，統計や年表などの各
　　種の基礎的資料を通して，情報を適切に調べまとめる技能を身に付けるようにする。
　(2)　社会的事象の特色や相互の関連，意味を多角的に考える力，社会に見られる課題を把
　　握して，その解決に向けて社会への関わり方を選択・判断する力，考えたことや選択・
　　判断したことを説明したり，それらを基に議論したりする力を養う。
　(3)　社会的事象について，主体的に学習の問題を解決しようとする態度や，よりよい社会
　　を考え学習したことを社会生活に生かそうとする態度を養うとともに，多角的な思考や
　　理解を通して，我が国の歴史や伝統を大切にして国を愛する心情，我が国の将来を担う
　　国民としての自覚や平和を願う日本人として世界の国々の人々と共に生きることの大切
　　さについての自覚を養う。
2　内　容
　(1)　我が国の政治の働きについて，学習の問題を追究・解決する活動を通して，次の事項
　　を身に付けることができるよう指導する。
　　ア　次のような知識及び技能を身に付けること。
　　　(ア)　日本国憲法は国家の理想，天皇の地位，国民としての権利及び義務など国家や国
　　　　民生活の基本を定めていることや，現在の我が国の民主政治は日本国憲法の基本的
　　　　な考え方に基づいていることを理解するとともに，立法，行政，司法の三権がそれ
　　　　ぞれの役割を果たしていることを理解すること。
　　　(イ)　国や地方公共団体の政治は，国民主権の考え方の下，国民生活の安定と向上を図
　　　　る大切な働きをしていることを理解すること。
　　　(ウ)　見学・調査したり各種の資料で調べたりして，まとめること。
　　イ　次のような思考力，判断力，表現力等を身に付けること。
　　　(ア)　日本国憲法の基本的な考え方に着目して，我が国の民主政治を捉え，日本国憲法
　　　　が国民生活に果たす役割や，国会，内閣，裁判所と国民との関わりを考え，表現す
　　　　ること。
　　　(イ)　政策の内容や計画から実施までの過程，法令や予算との関わりなどに着目して，
　　　　国や地方公共団体の政治の取組を捉え，国民生活における政治の働きを考え，表現
　　　　すること。

付録　小学校学習指導要領　第2章　社会 ● 185

(2) 我が国の歴史上の主な事象について，学習の問題を追究・解決する活動を通して，次の事項を身に付けることができるよう指導する。

ア 次のような知識及び技能を身に付けること。その際，我が国の歴史上の主な事象を手掛かりに，大まかな歴史を理解するとともに，関連する先人の業績，優れた文化遺産を理解すること。

(ア) 狩猟・採集や農耕の生活，古墳，大和朝廷（大和政権）による統一の様子を手掛かりに，むらからくにへと変化したことを理解すること。その際，神話・伝承を手掛かりに，国の形成に関する考え方などに関心をもつこと。

(イ) 大陸文化の摂取，大化の改新，大仏造営の様子を手掛かりに，天皇を中心とした政治が確立されたことを理解すること。

(ウ) 貴族の生活や文化を手掛かりに，日本風の文化が生まれたことを理解すること。

(エ) 源平の戦い，鎌倉幕府の始まり，元との戦いを手掛かりに，武士による政治が始まったことを理解すること。

(オ) 京都の室町に幕府が置かれた頃の代表的な建造物や絵画を手掛かりに，今日の生活文化につながる室町文化が生まれたことを理解すること。

(カ) キリスト教の伝来，織田・豊臣の天下統一を手掛かりに，戦国の世が統一されたことを理解すること。

(キ) 江戸幕府の始まり，参勤交代や鎖国などの幕府の政策，身分制を手掛かりに，武士による政治が安定したことを理解すること。

(ク) 歌舞伎や浮世絵，国学や蘭学を手掛かりに，町人の文化が栄え新しい学問がおこったことを理解すること。

(ケ) 黒船の来航，廃藩置県や四民平等などの改革，文明開化などを手掛かりに，我が国が明治維新を機に欧米の文化を取り入れつつ近代化を進めたことを理解すること。

(コ) 大日本帝国憲法の発布，日清・日露の戦争，条約改正，科学の発展などを手掛かりに，我が国の国力が充実し国際的地位が向上したことを理解すること。

(サ) 日中戦争や我が国に関わる第二次世界大戦，日本国憲法の制定，オリンピック・パラリンピックの開催などを手掛かりに，戦後我が国は民主的な国家として出発し，国民生活が向上し，国際社会の中で重要な役割を果たしてきたことを理解すること。

(シ) 遺跡や文化財，地図や年表などの資料で調べ，まとめること。

イ 次のような思考力，判断力，表現力等を身に付けること。

(ア) 世の中の様子，人物の働きや代表的な文化遺産などに着目して，我が国の歴史上の主な事象を捉え，我が国の歴史の展開を考えるとともに，歴史を学ぶ意味を考え，表現すること。

(3) グローバル化する世界と日本の役割について，学習の問題を追究・解決する活動を通して，次の事項を身に付けることができるよう指導する。

ア 次のような知識及び技能を身に付けること。

(ア) 我が国と経済や文化などの面でつながりが深い国の人々の生活は，多様であることを理解するとともに，スポーツや文化などを通して他国と交流し，異なる文化や

習慣を尊重し合うことが大切であることを理解すること。

(イ) 我が国は，平和な世界の実現のために国際連合の一員として重要な役割を果たしたり，諸外国の発展のために援助や協力を行ったりしていることを理解すること。

(ウ) 地図帳や地球儀，各種の資料で調べ，まとめること。

イ　次のような思考力，判断力，表現力等を身に付けること。

(ア) 外国の人々の生活の様子などに着目して，日本の文化や習慣との違いを捉え，国際交流の果たす役割を考え，表現すること。

(イ) 地球規模で発生している課題の解決に向けた連携・協力などに着目して，国際連合の働きや我が国の国際協力の様子を捉え，国際社会において我が国が果たしている役割を考え，表現すること。

3　内容の取扱い

(1) 内容の(1)については，次のとおり取り扱うものとする。

ア　アの(ア)については，国会などの議会政治や選挙の意味，国会と内閣と裁判所の三権相互の関連，裁判員制度や租税の役割などについて扱うこと。その際，イの(ア)に関わって，国民としての政治への関わり方について多角的に考えて，自分の考えをまとめることができるよう配慮すること。

イ　アの(ア)の「天皇の地位」については，日本国憲法に定める天皇の国事に関する行為など児童に理解しやすい事項を取り上げ，歴史に関する学習との関連も図りながら，天皇についての理解と敬愛の念を深めるようにすること。また，「国民としての権利及び義務」については，参政権，納税の義務などを取り上げること。

ウ　アの(イ)の「国や地方公共団体の政治」については，社会保障，自然災害からの復旧や復興，地域の開発や活性化などの取組の中から選択して取り上げること。

エ　イの(ア)の「国会」について，国民との関わりを指導する際には，各々の国民の祝日に関心をもち，我が国の社会や文化における意義を考えることができるよう配慮すること。

(2) 内容の(2)については，次のとおり取り扱うものとする。

ア　アの(ア)から(サ)までについては，児童の興味・関心を重視し，取り上げる人物や文化遺産の重点の置き方に工夫を加えるなど，精選して具体的に理解できるようにすること。その際，アの(サ)の指導に当たっては，児童の発達の段階を考慮すること。

イ　アの(ア)から(サ)までについては，例えば，国宝，重要文化財に指定されているものや，世界文化遺産に登録されているものなどを取り上げ，我が国の代表的な文化遺産を通して学習できるように配慮すること。

ウ　アの(ア)から(コ)までについては，例えば，次に掲げる人物を取り上げ，人物の働きを通して学習できるよう指導すること。

卑弥呼，聖徳太子，小野妹子，中大兄皇子，中臣鎌足，聖武天皇，行基，鑑真，藤原道長，紫式部，清少納言，平清盛，源頼朝，源義経，北条時宗，足利義満，足利義政，雪舟，ザビエル，織田信長，豊臣秀吉，徳川家康，徳川家光，近松門左衛門，歌川広重，本居宣長，杉田玄白，伊能忠敬，ペリー，勝海舟，西郷隆盛，大久保利通，

付録　小学校学習指導要領　第2章　社会 ● 187

木戸孝允，明治天皇，福沢諭吉，大隈重信，板垣退助，伊藤博文，陸奥宗光，東郷平八郎，小村寿太郎，野口英世

エ　アの(ｱ)の「神話・伝承」については，古事記，日本書紀，風土記などの中から適切なものを取り上げること。

オ　アの(ｲ)から(ｻ)までについては，当時の世界との関わりにも目を向け，我が国の歴史を広い視野から捉えられるよう配慮すること。

カ　アの(ｼ)については，年表や絵画など資料の特性に留意した読み取り方についても指導すること。

キ　イの(ｱ)については，歴史学習全体を通して，我が国は長い歴史をもち伝統や文化を育んできたこと，我が国の歴史は政治の中心地や世の中の様子などによって幾つかの時期に分けられることに気付くようにするとともに，現在の自分たちの生活と過去の出来事との関わりを考えたり，過去の出来事を基に現在及び将来の発展を考えたりするなど，歴史を学ぶ意味を考えるようにすること。

(3) 内容の(3)については，次のとおり取り扱うものとする。

ア　アについては，我が国の国旗と国歌の意義を理解し，これを尊重する態度を養うとともに，諸外国の国旗と国歌も同様に尊重する態度を養うよう配慮すること。

イ　アの(ｱ)については，我が国とつながりが深い国から数か国を取り上げること。その際，児童が1か国を選択して調べるよう配慮すること。

ウ　アの(ｱ)については，我が国や諸外国の伝統や文化を尊重しようとする態度を養うよう配慮すること。

エ　イについては，世界の人々と共に生きていくために大切なことや，今後，我が国が国際社会において果たすべき役割などを多角的に考えたり選択・判断したりできるよう配慮すること。

オ　イの(ｲ)については，網羅的，抽象的な扱いを避けるため，「国際連合の働き」については，ユニセフやユネスコの身近な活動を取り上げること。また，「我が国の国際協力の様子」については，教育，医療，農業などの分野で世界に貢献している事例の中から選択して取り上げること。

第3　指導計画の作成と内容の取扱い

1　指導計画の作成に当たっては，次の事項に配慮するものとする。

(1) 単元など内容や時間のまとまりを見通して，その中で育む資質・能力の育成に向けて，児童の主体的・対話的で深い学びの実現を図るようにすること。その際，問題解決への見通しをもつこと，社会的事象の見方・考え方を働かせ，事象の特色や意味などを考え概念などに関する知識を獲得すること，学習の過程や成果を振り返り学んだことを活用することなど，学習の問題を追究・解決する活動の充実を図ること。

(2) 各学年の目標や内容を踏まえて，事例の取り上げ方を工夫して，内容の配列や授業時数の配分などに留意して効果的な年間指導計画を作成すること。

(3) 我が国の47都道府県の名称と位置，世界の大陸と主な海洋の名称と位置については，

学習内容と関連付けながら，その都度，地図帳や地球儀などを使って確認するなどして，小学校卒業までに身に付け活用できるように工夫して指導すること。

(4) 障害のある児童などについては，学習活動を行う場合に生じる困難さに応じた指導内容や指導方法の工夫を計画的，組織的に行うこと。

(5) 第1章総則の第1の2の(2)に示す道徳教育の目標に基づき，道徳科などとの関連を考慮しながら，第3章特別の教科道徳の第2に示す内容について，社会科の特質に応じて適切な指導をすること。

2　第2の内容の取扱いについては，次の事項に配慮するものとする。

(1) 各学校においては，地域の実態を生かし，児童が興味・関心をもって学習に取り組めるようにするとともに，観察や見学，聞き取りなどの調査活動を含む具体的な体験を伴う学習やそれに基づく表現活動の一層の充実を図ること。また，社会的事象の特色や意味，社会に見られる課題などについて，多角的に考えたことや選択・判断したことを論理的に説明したり，立場や根拠を明確にして議論したりするなど言語活動に関わる学習を一層重視すること。

(2) 学校図書館や公共図書館，コンピュータなどを活用して，情報の収集やまとめなどを行うようにすること。また，全ての学年において，地図帳を活用すること。

(3) 博物館や資料館などの施設の活用を図るとともに，身近な地域及び国土の遺跡や文化財などについての調査活動を取り入れるようにすること。また，内容に関わる専門家や関係者，関係の諸機関との連携を図るようにすること。

(4) 児童の発達の段階を考慮し，社会的事象については，児童の考えが深まるよう様々な見解を提示するよう配慮し，多様な見解のある事柄，未確定な事柄を取り上げる場合には，有益適切な教材に基づいて指導するとともに，特定の事柄を強調し過ぎたり，一面的な見解を十分な配慮なく取り上げたりするなどの偏った取扱いにより，児童が多角的に考えたり，事実を客観的に捉え，公正に判断したりすることを妨げることのないよう留意すること。

【執筆者紹介】（執筆順）

北　　俊夫　国士舘大学教授

加藤　寿朗　島根大学大学院教授

永田　忠道　広島大学准教授

石井　正広　東京都町田市立大蔵小学校長

柴田　華子　大阪市立豊崎小学校

梅田比奈子　神奈川県横浜市立瀬ケ崎小学校長

小倉　勝登　東京学芸大学附属小金井小学校

児玉　大祐　東京都教職員研修センター企画部企画課長

栗栖ゆみ子　京都市立金閣小学校教頭

大嶋　和彦　香川県高松市立十河小学校教頭

佐野　浩志　北海道札幌市立幌南小学校教頭

中田　正弘　帝京大学大学院教授

唐木　清志　筑波大学教授

溝口　和宏　鹿児島大学学術研究院教授

市川　寛明　江戸東京博物館都市歴史研究室研究担当係長

安野　　功　國學院大學教授

清水　隆志　東京都江東区立東砂小学校

吉岡　泰志　東京都世田谷区立経堂小学校

秋田　博昭　東京都教育庁指導部義務教育指導課統括指導主事

城崎　武士　東京都八王子市立小宮小学校

杉渕　　尚　東京都中野区立新井小学校長

【編著者紹介】

北　俊夫（きた　としお）

福井県に生まれる。東京都公立小学校教員，東京都教育委員会指導主事，文部省（現文部科学省）初等中等教育局教科調査官，岐阜大学教授を経て，現在国士舘大学教授。

主著に『「思考力・判断力・表現力」を鍛える新社会科の指導と評価』『"知識の構造図"を生かす問題解決的な授業づくり』『社会科学力をつくる"知識の構造図"』『社会科の思考を鍛える新テスト─自作のヒント─』（以上明治図書），『新社会科討論の授業づくり─思考・理解が深まるテーマ100選』（学芸みらい社），『社会科　学習問題づくりのマネジメント』『なぜ子どもに社会科を学ばせるのか』『こんなときどうする！学級担任の危機対応マニュアル』『言語活動は授業をどう変えるか』『若い先生に伝えたい‼授業のヒント60』（以上文溪堂）など。

加藤　寿朗（かとう　としあき）

島根県に生まれる。島根県公立小学校教諭，広島大学附属小学校教諭，愛媛大学助教授を経て，現在島根大学大学院教授。
単著『子どもの社会認識の発達と形成に関する実証的研究』（風間書房），共著『「思考力・判断力・表現力」をつける社会科授業デザイン　小学校編』『新社会科教育学ハンドブック』（明治図書），『生活科教育　改訂新版─21世紀のための教育創造─』（学術図書），『授業の心理学─認知心理学からみた教育方法論─』（福村出版）など。

平成29年版
小学校新学習指導要領の展開
社会編

2018年1月初版第1刷刊	©編著者　北　　　俊　夫
	加　藤　寿　朗
	発行者　藤　原　光　政
	発行所　明治図書出版株式会社
	http://www.meijitosho.co.jp
	（企画）矢口郁雄（校正）大内奈々子・高梨　修
	〒114-0023　東京都北区滝野川7-46-1
	振替00160-5-151318　電話03(5907)6701
	ご注文窓口　電話03(5907)6668
*検印省略	組版所　藤原印刷株式会社

本書の無断コピーは，著作権・出版権にふれます。ご注意ください。

Printed in Japan　　ISBN978-4-18-327919-4

もれなくクーポンがもらえる！読者アンケートはこちらから →

小学校 新学習指導要領の展開シリーズ

平成29年版

ラインナップ

総則編	無藤　隆 編著	【3277】
国語編	水戸部修治・吉田裕久 編著	【3278】
社会編	北　俊夫・加藤寿朗 編著	【3279】
算数編	齊藤一弥 編著	【3280】
理科編	塚田昭一・八嶋真理子・田村正弘 編著	【3281】
生活編	田村　学 編著	【3282】
音楽編	宮﨑新悟・志民一成 編著	【3283】
図画工作編	阿部宏行・三根和浪 編著	【3284】
家庭編	長澤由喜子 編著	【3285】
体育編	白旗和也 編著	【3286】
外国語編	吉田研作 編著	【3287】
特別の教科 道徳編	永田繁雄 編著	【2711】
外国語活動編	吉田研作 編著	【3288】
総合的な学習編	田村　学 編著	【3289】
特別活動編	杉田　洋 編著	【3290】

A5判
160〜208ページ
各 1,800円＋税
※特別の教科道徳編のみ 1,900円＋税

大改訂のどこよりも**学習指導要領を広く，深く徹底解説**

資質・能力に基づき改編された内容の解説から
新しい授業プランまで

明治図書　携帯・スマートフォンからは　**明治図書ONLINEへ**　書籍の検索，注文ができます。　▶▶▶
http://www.meijitosho.co.jp　＊併記4桁の図書番号でHP，携帯での検索・注文が簡単にできます。
〒114-0023　東京都北区滝野川7-46-1　ご注文窓口　TEL 03-5907-6668　FAX 050-3156-2790